SUMMER FLOWERS COLORING BOOK

CRYSTAL
COLORING BOOKS

ISBN-13: 978-1717379344

ISBN-10: 1717379346

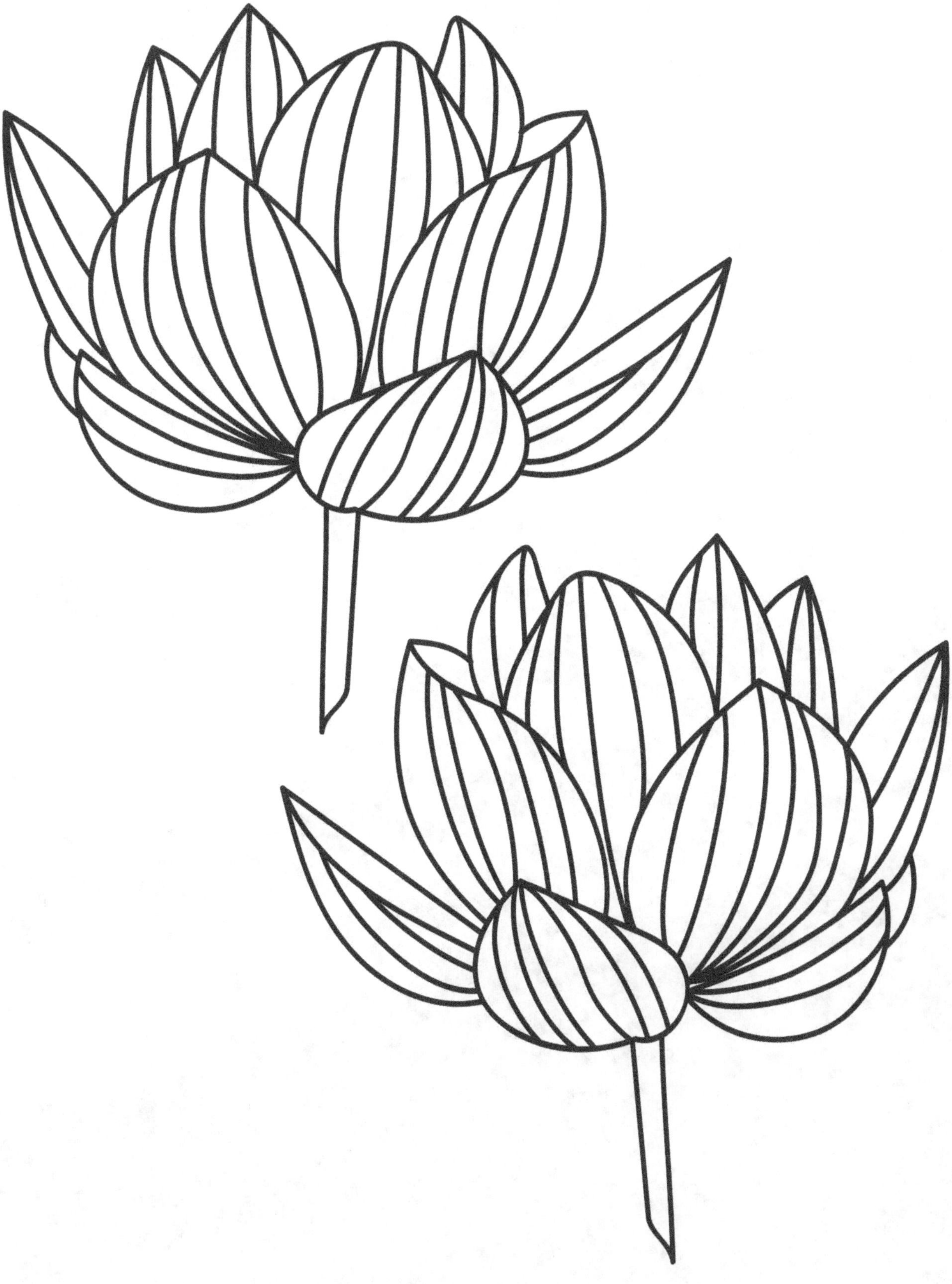

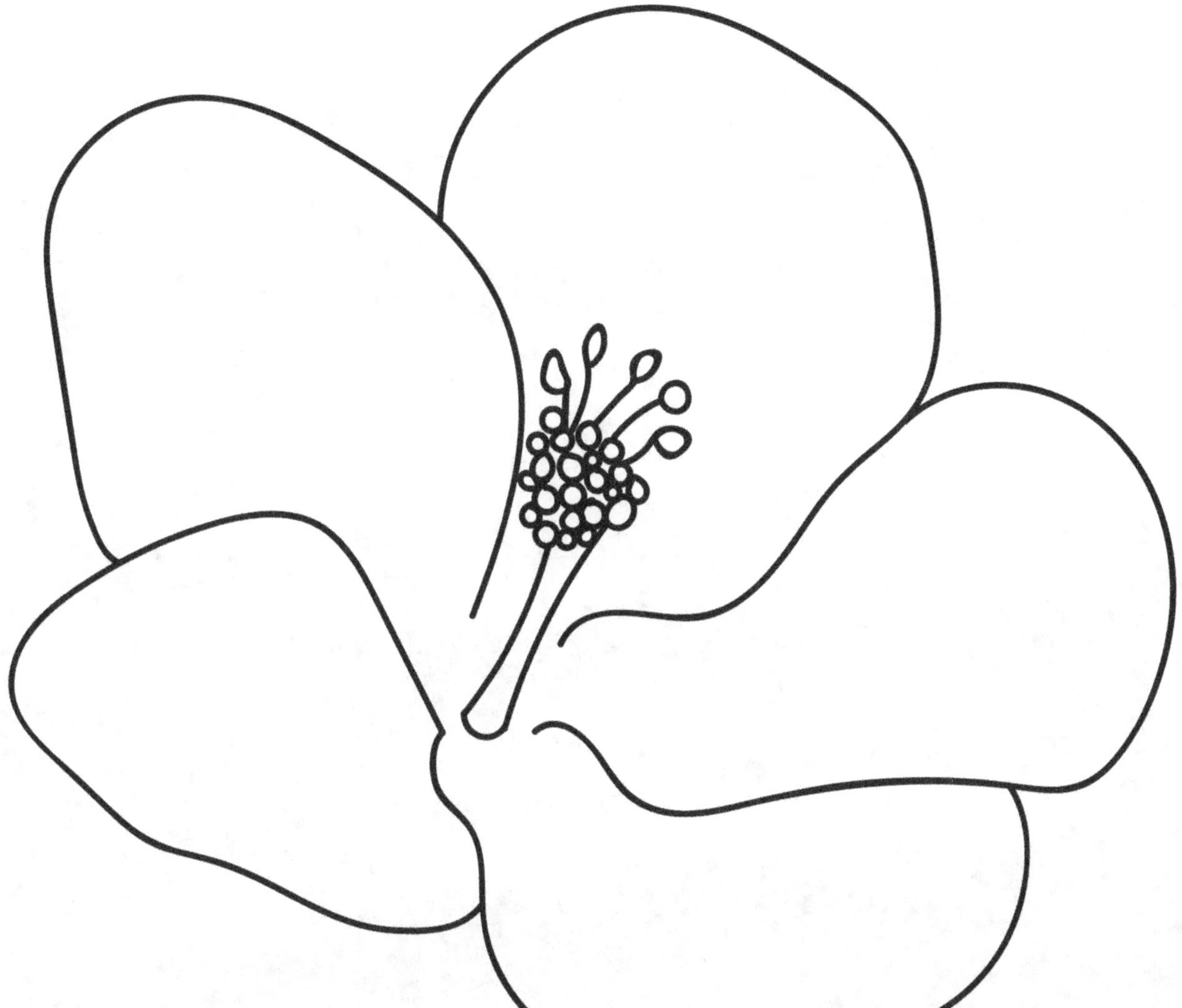

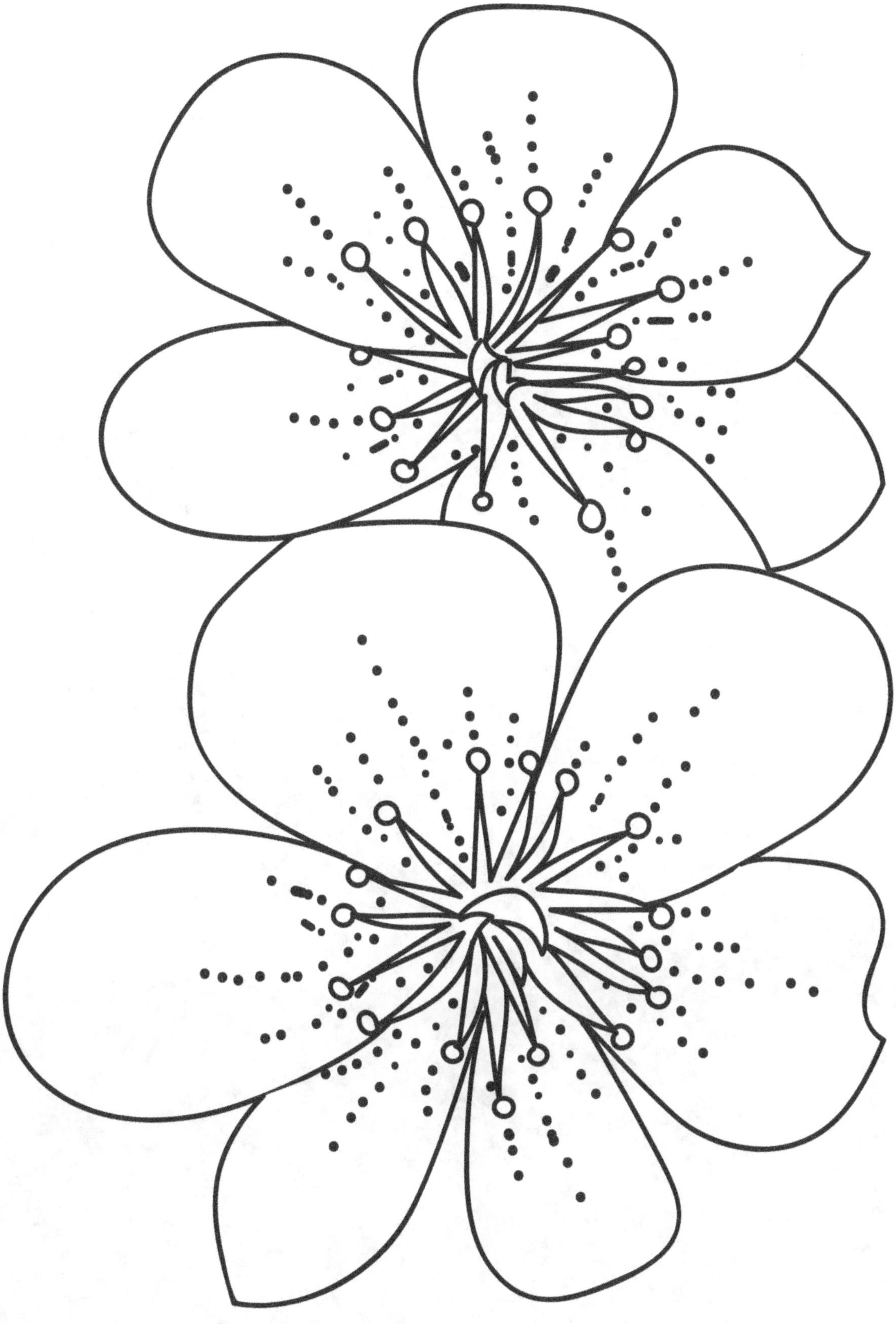

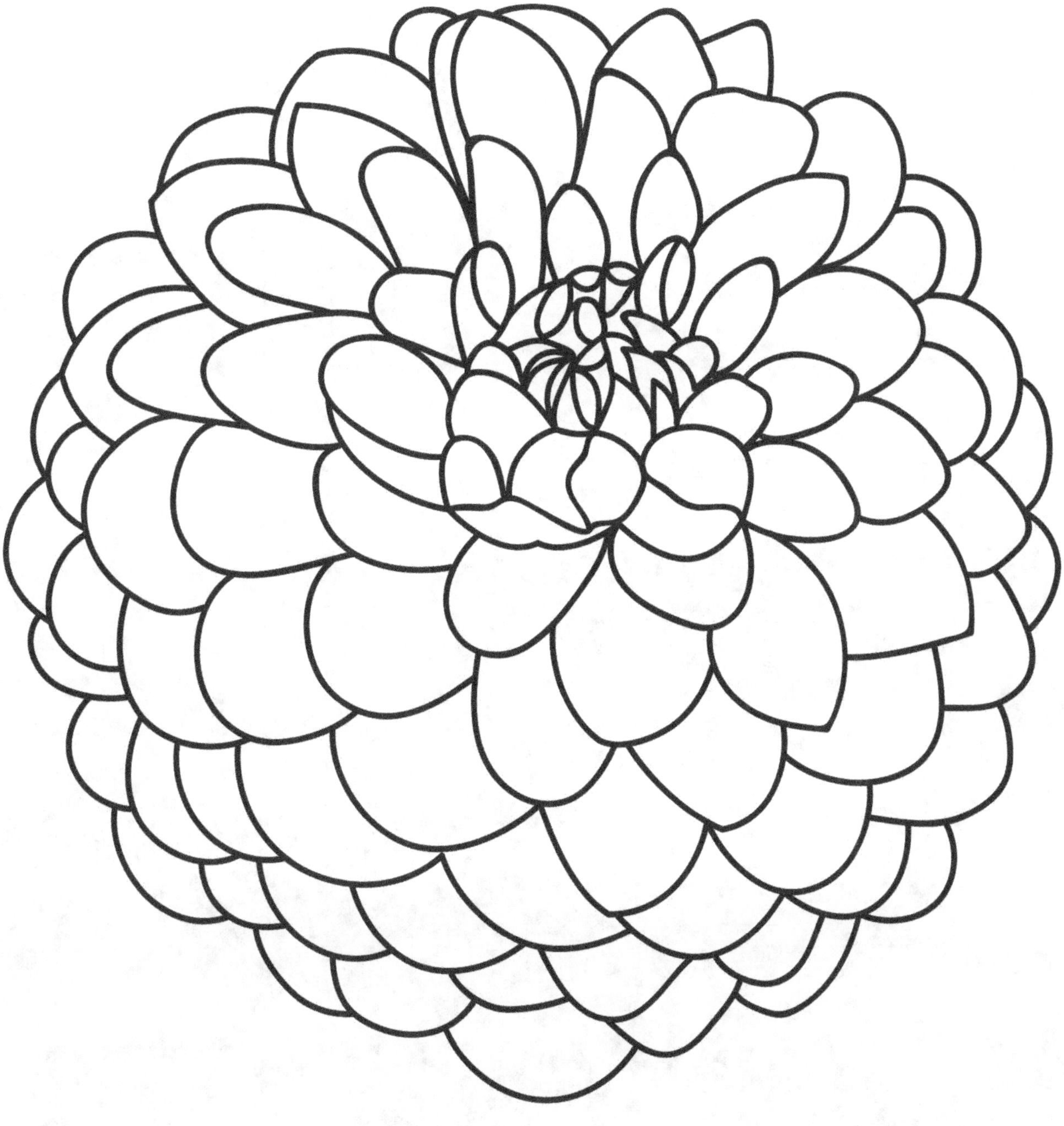

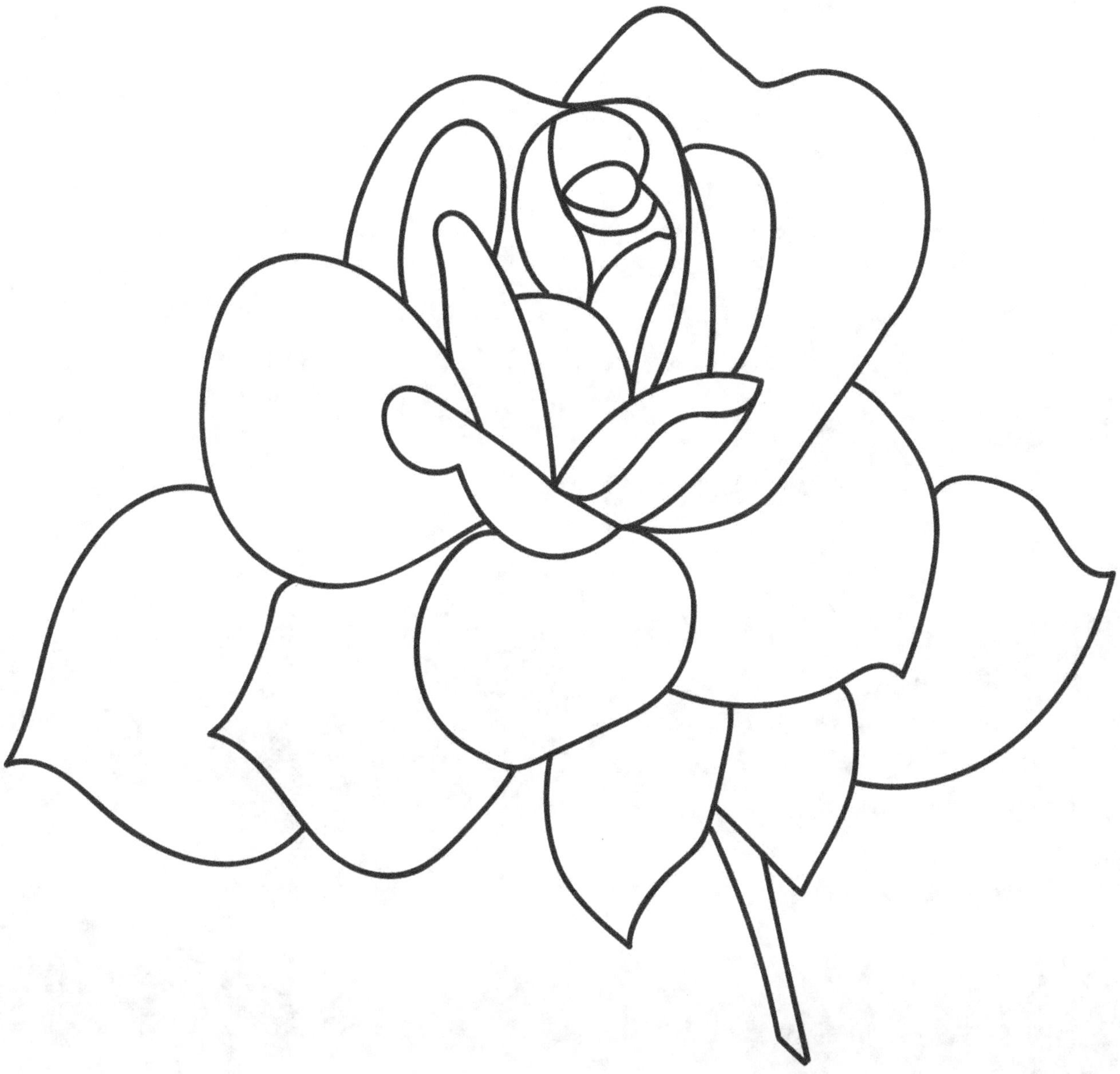

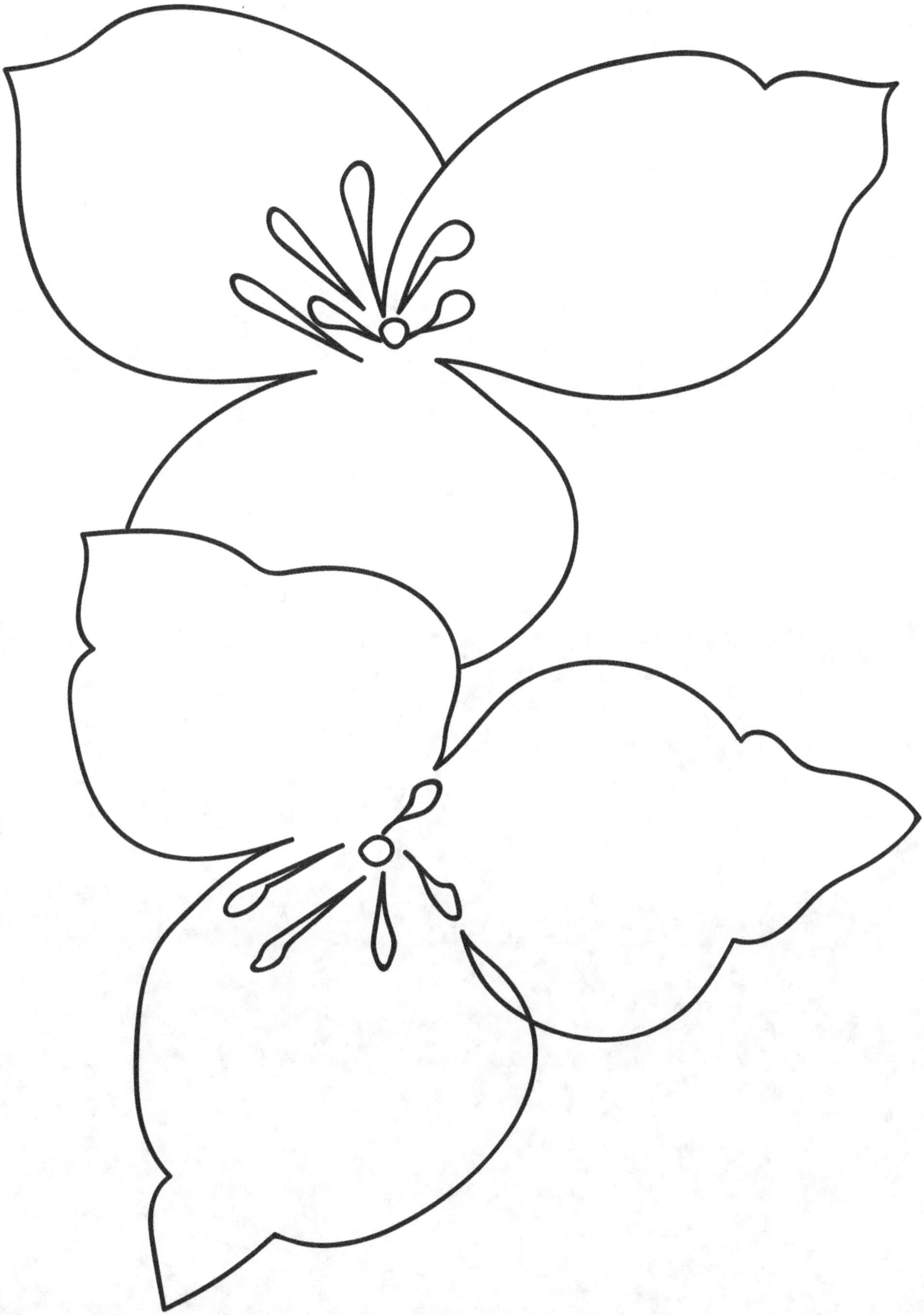

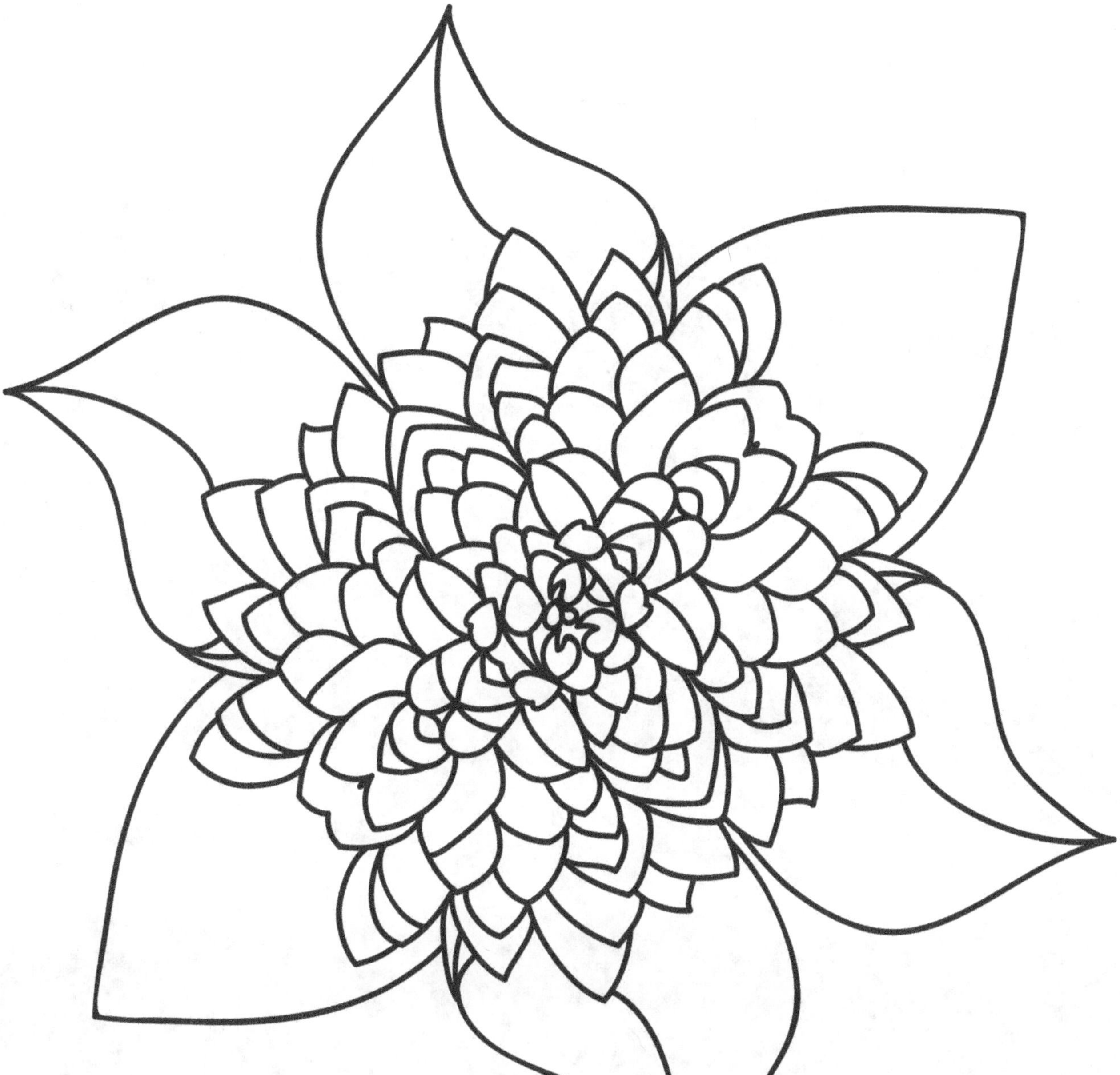

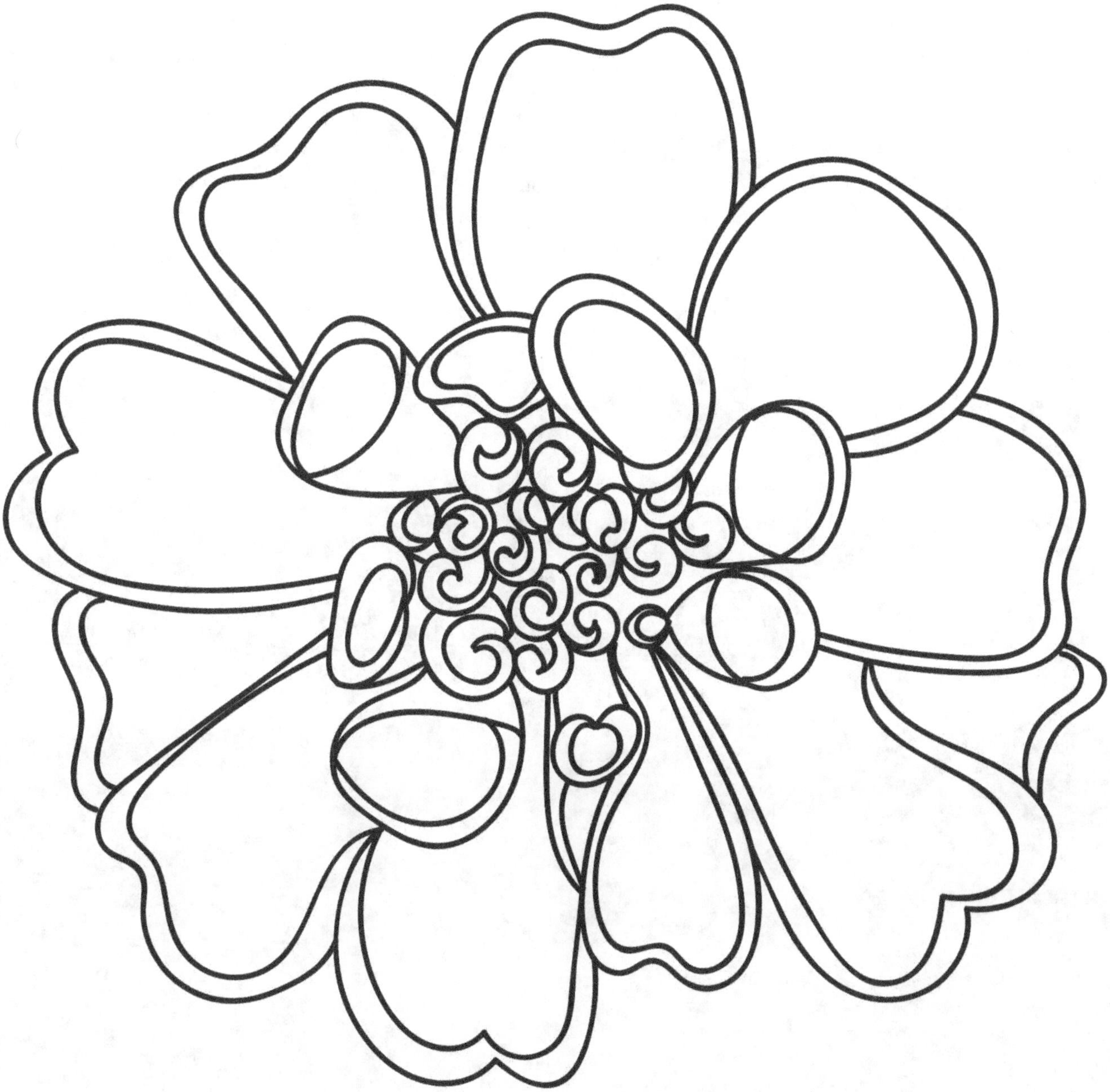

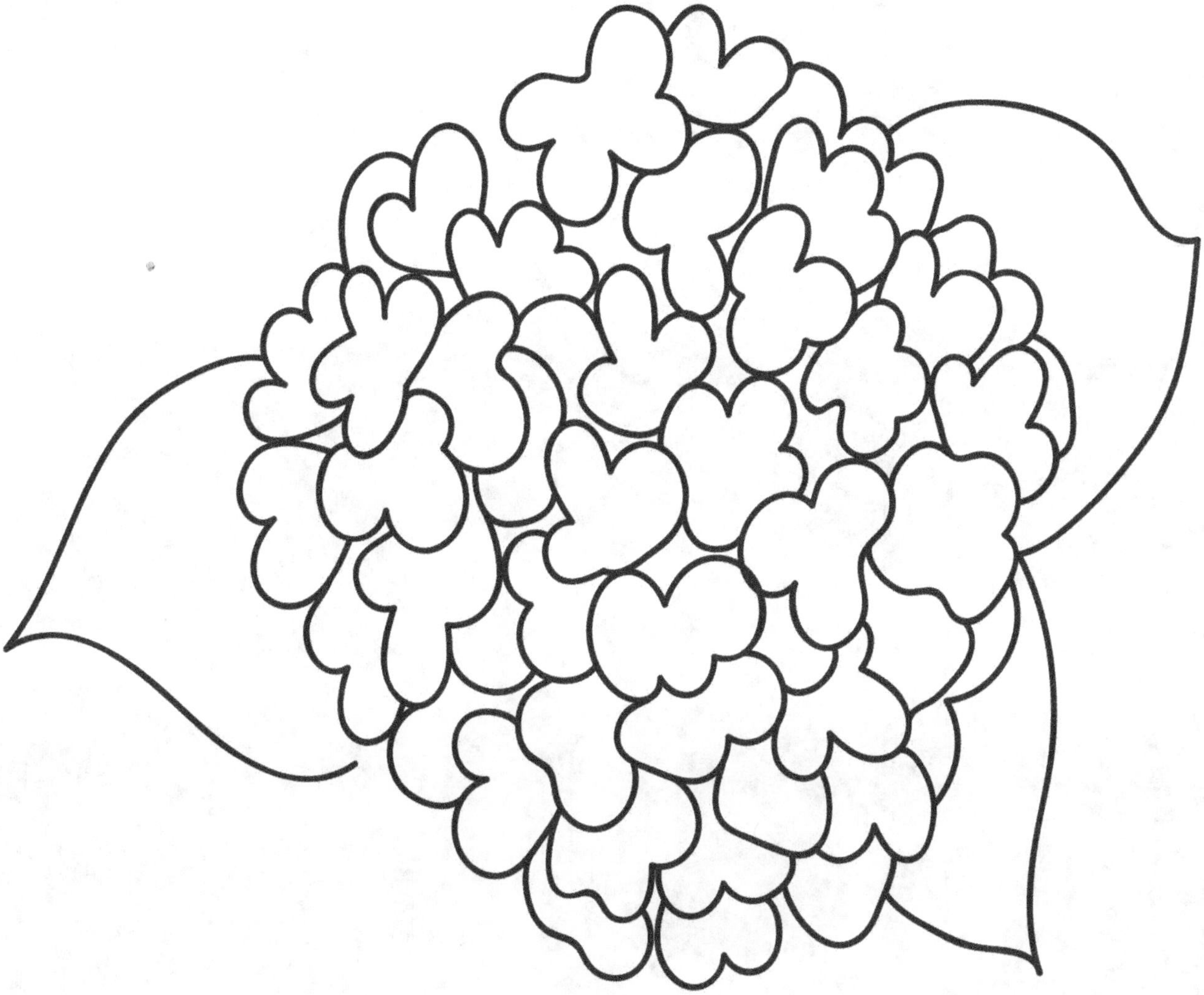

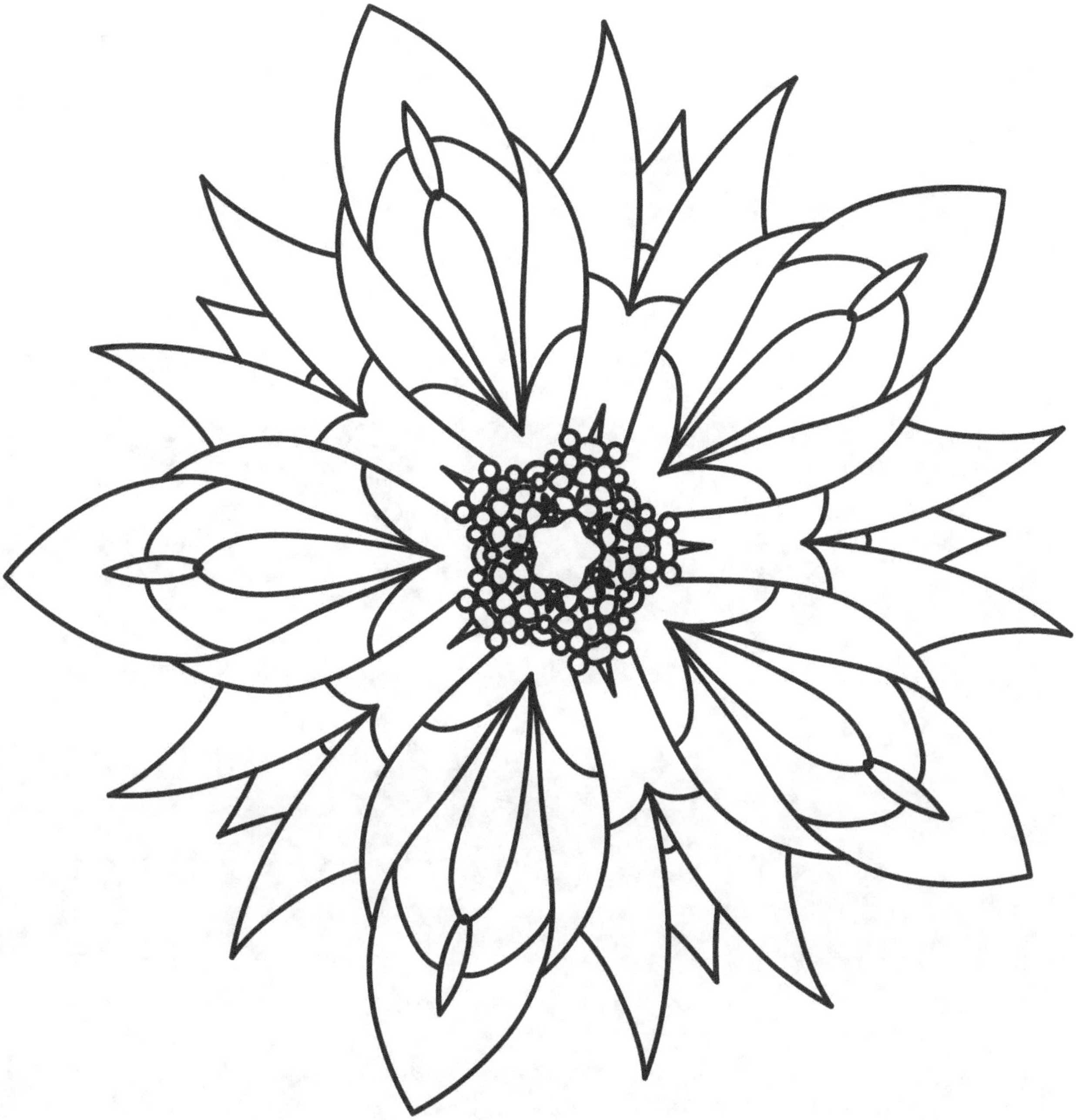

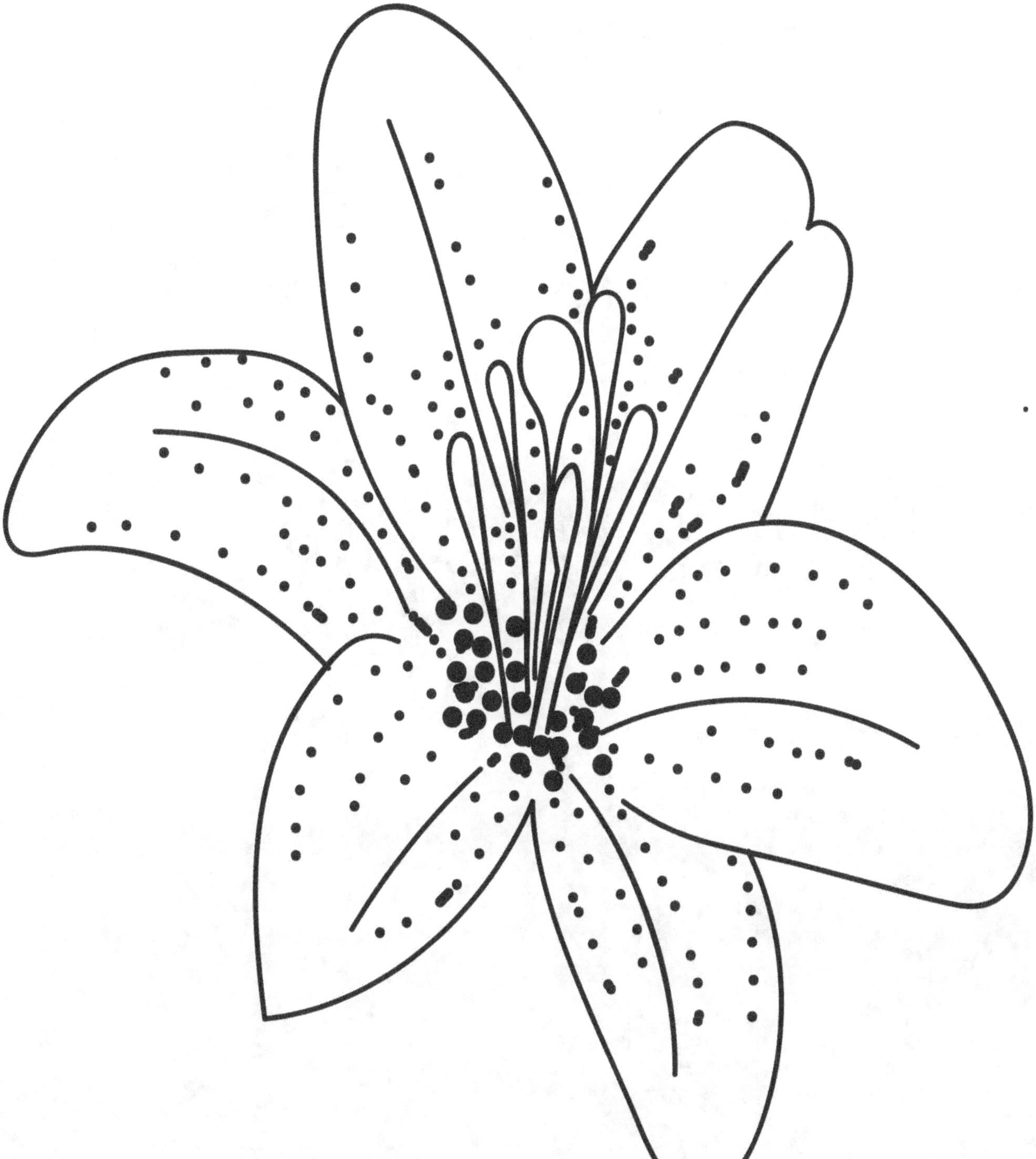

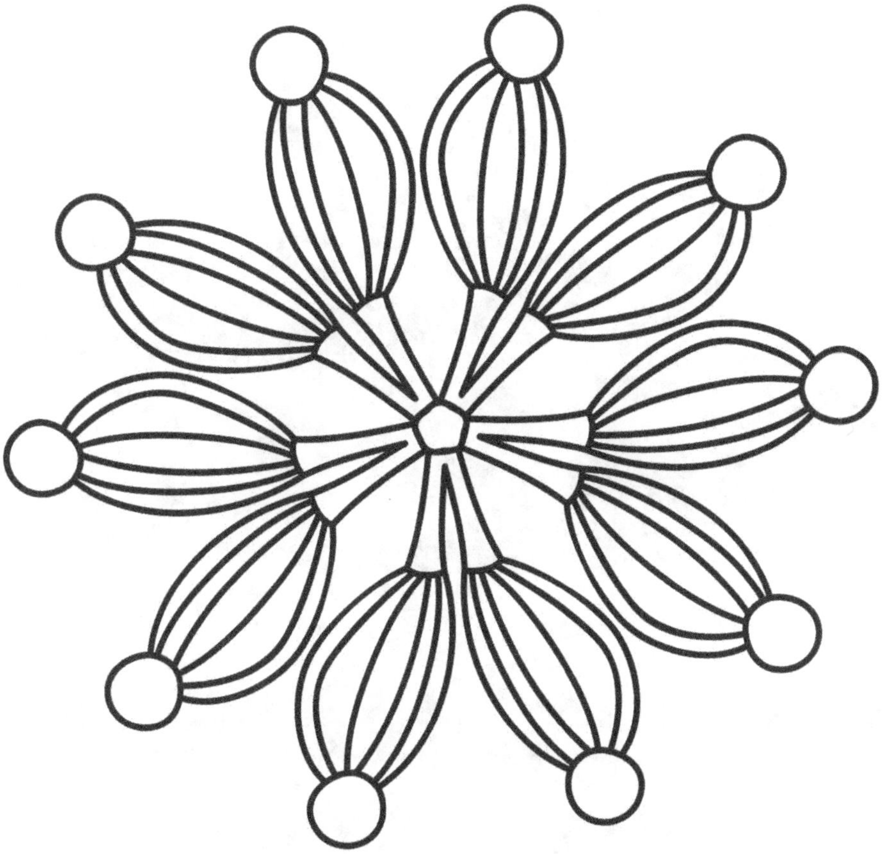

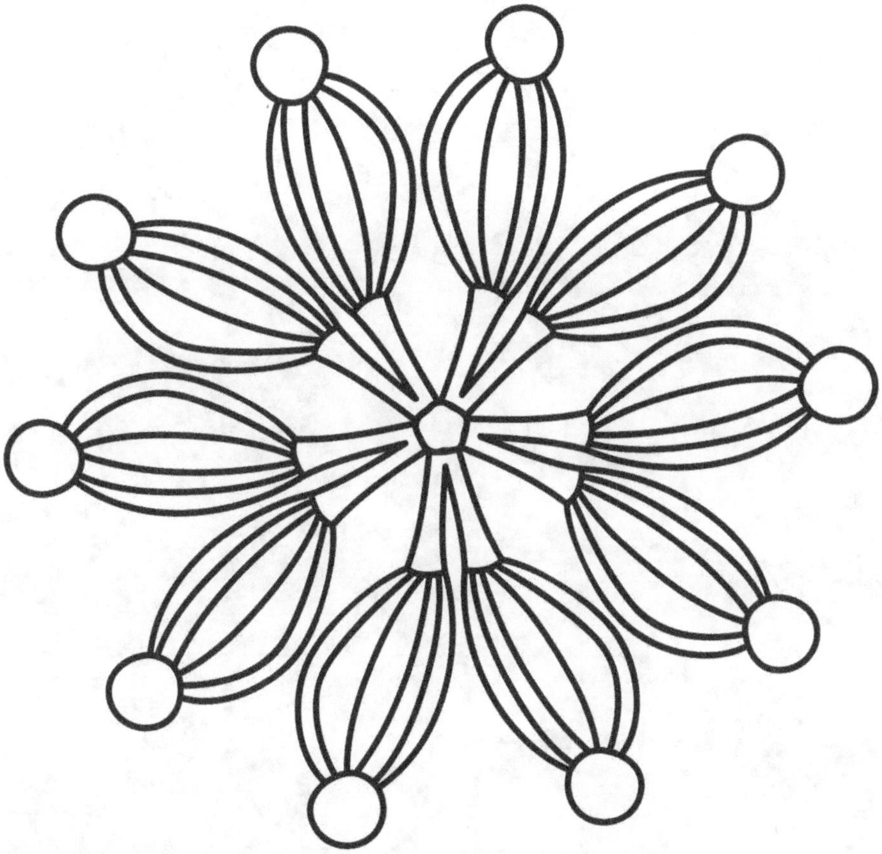

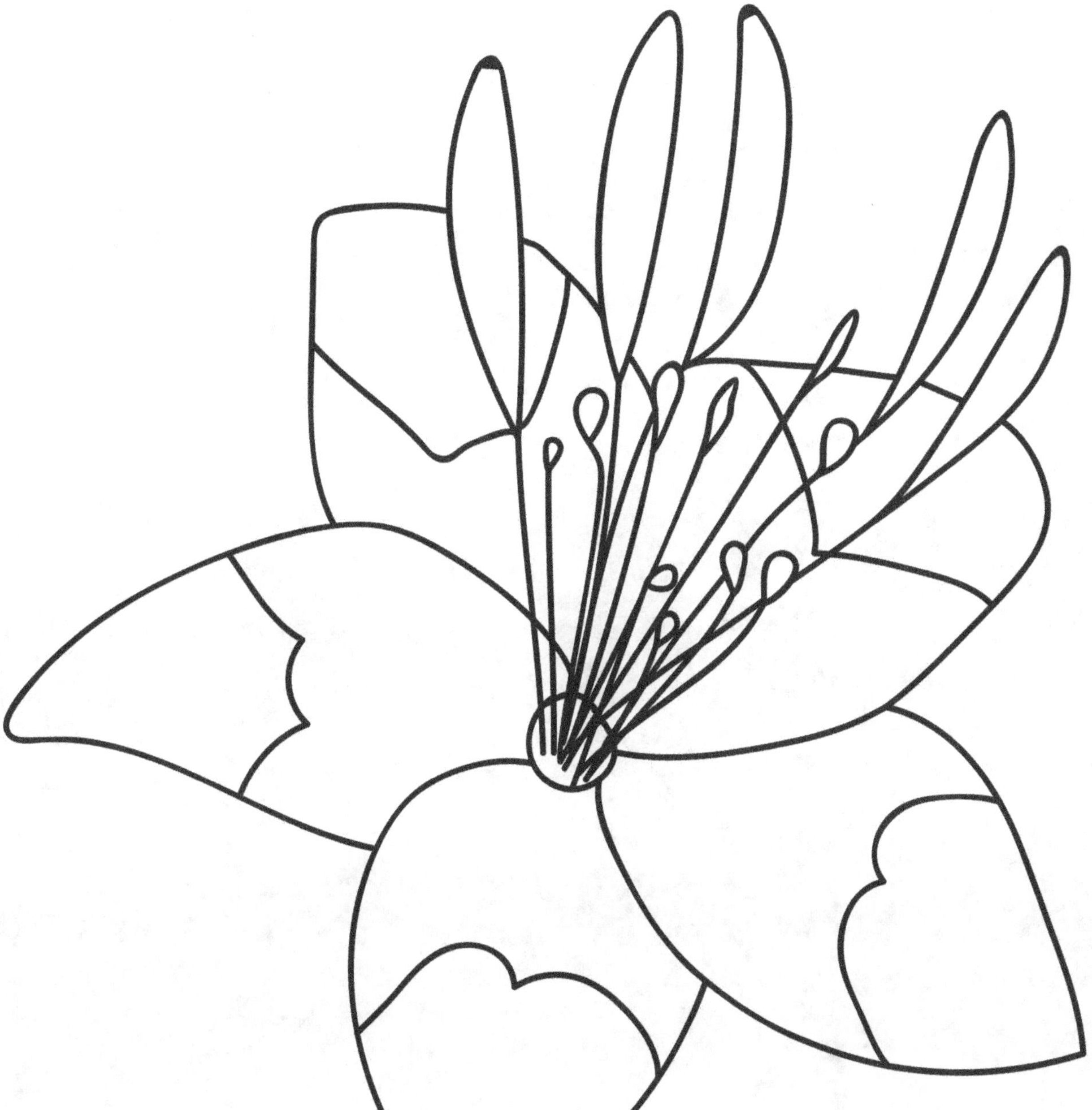

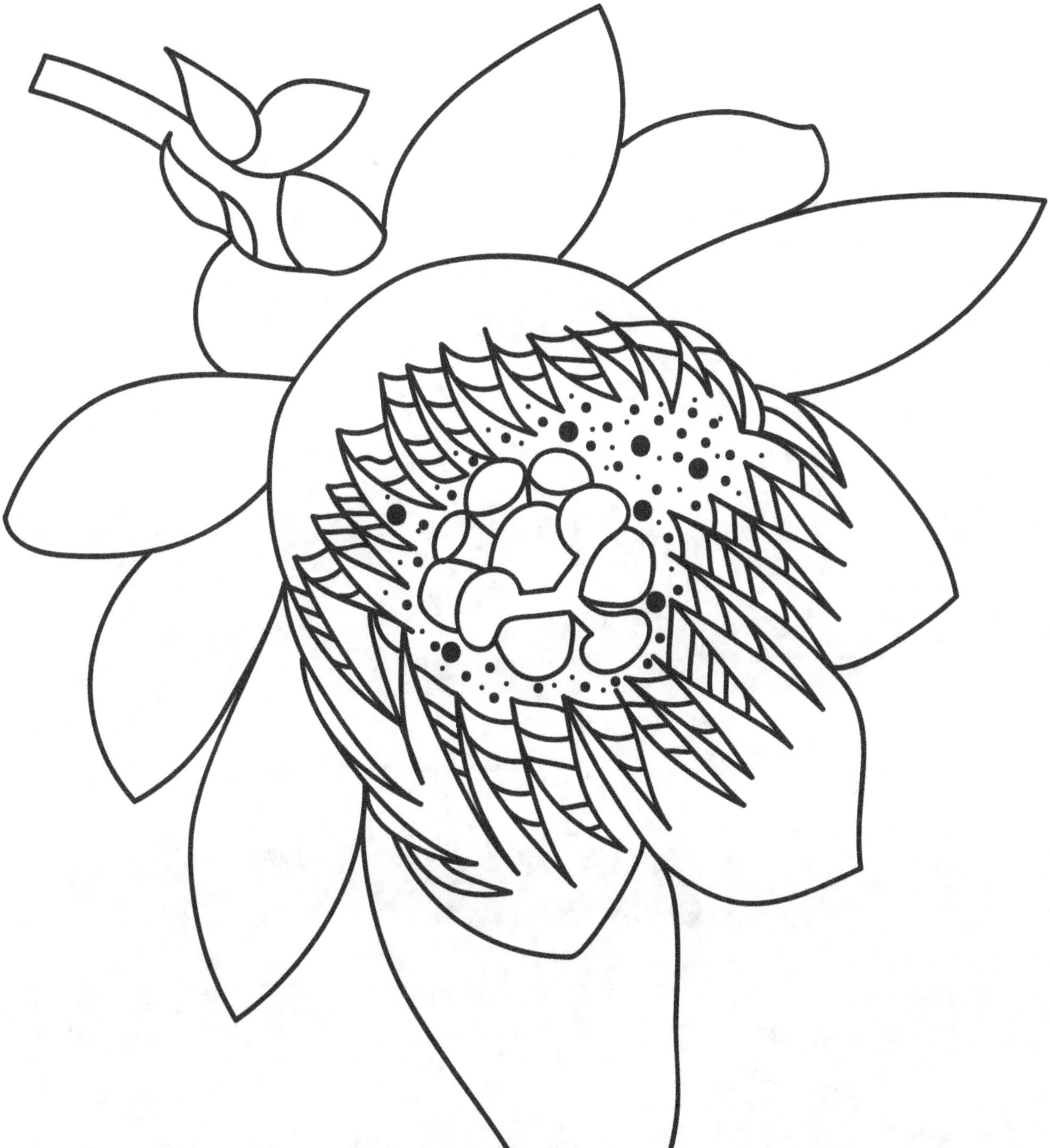

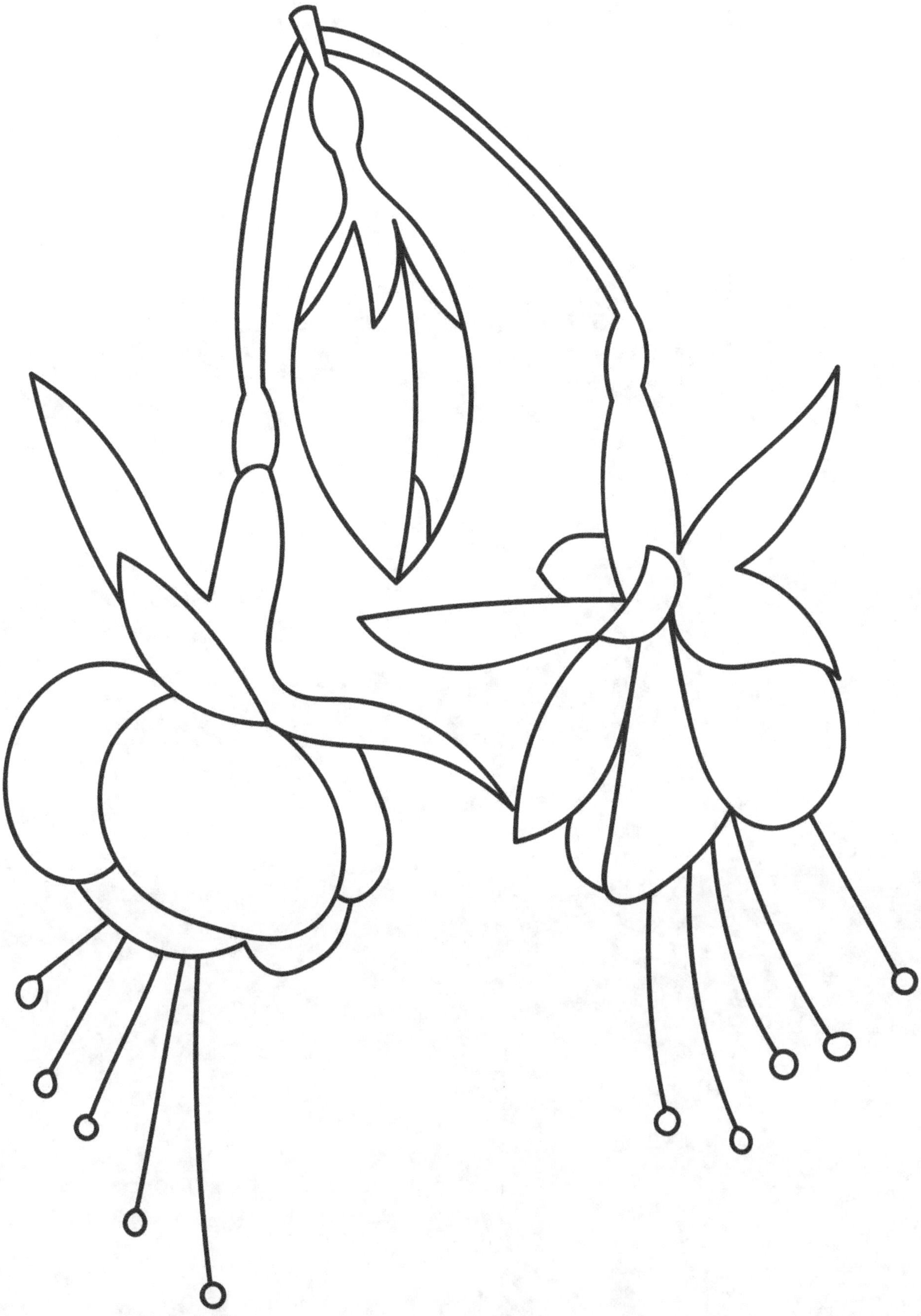

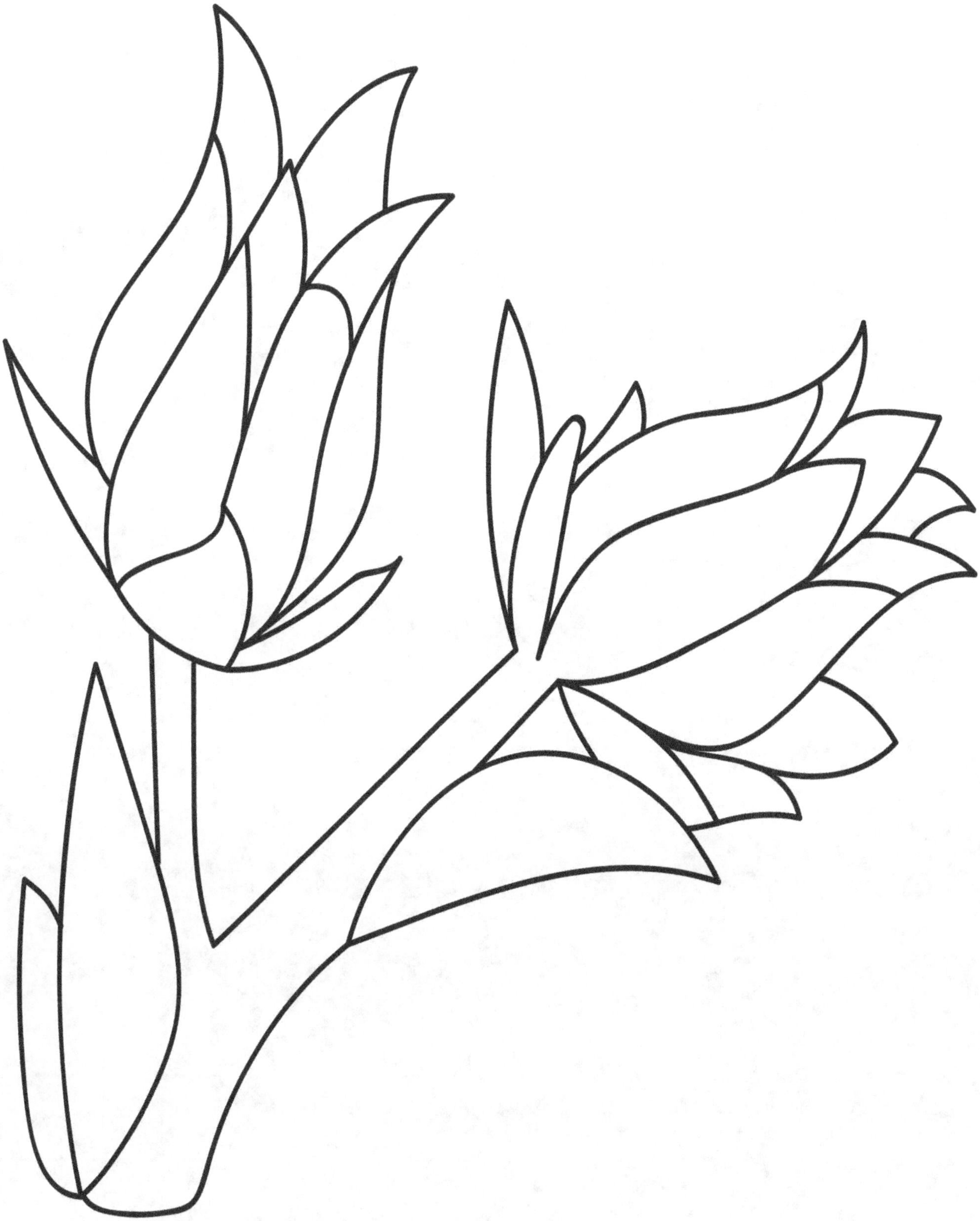

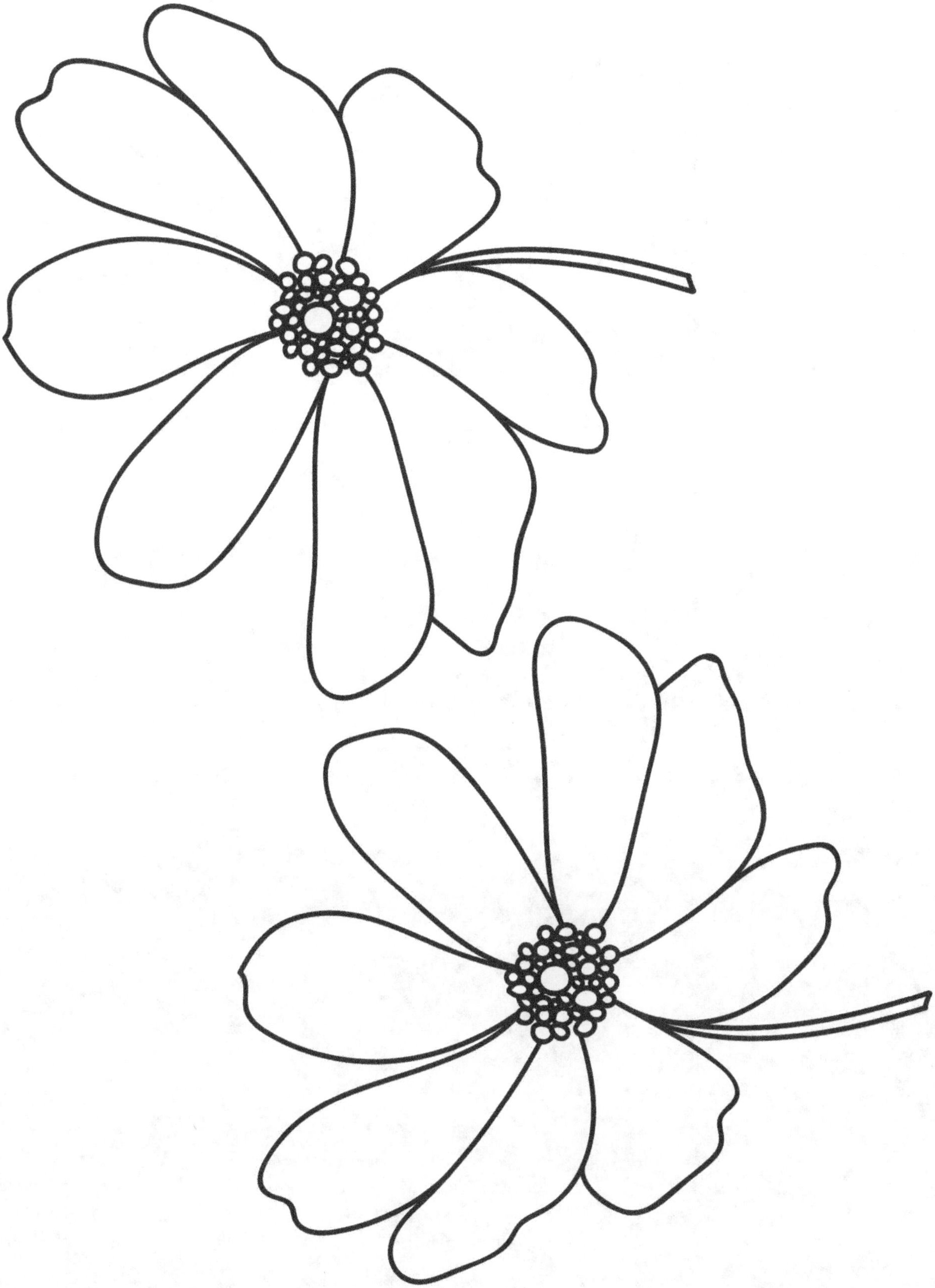

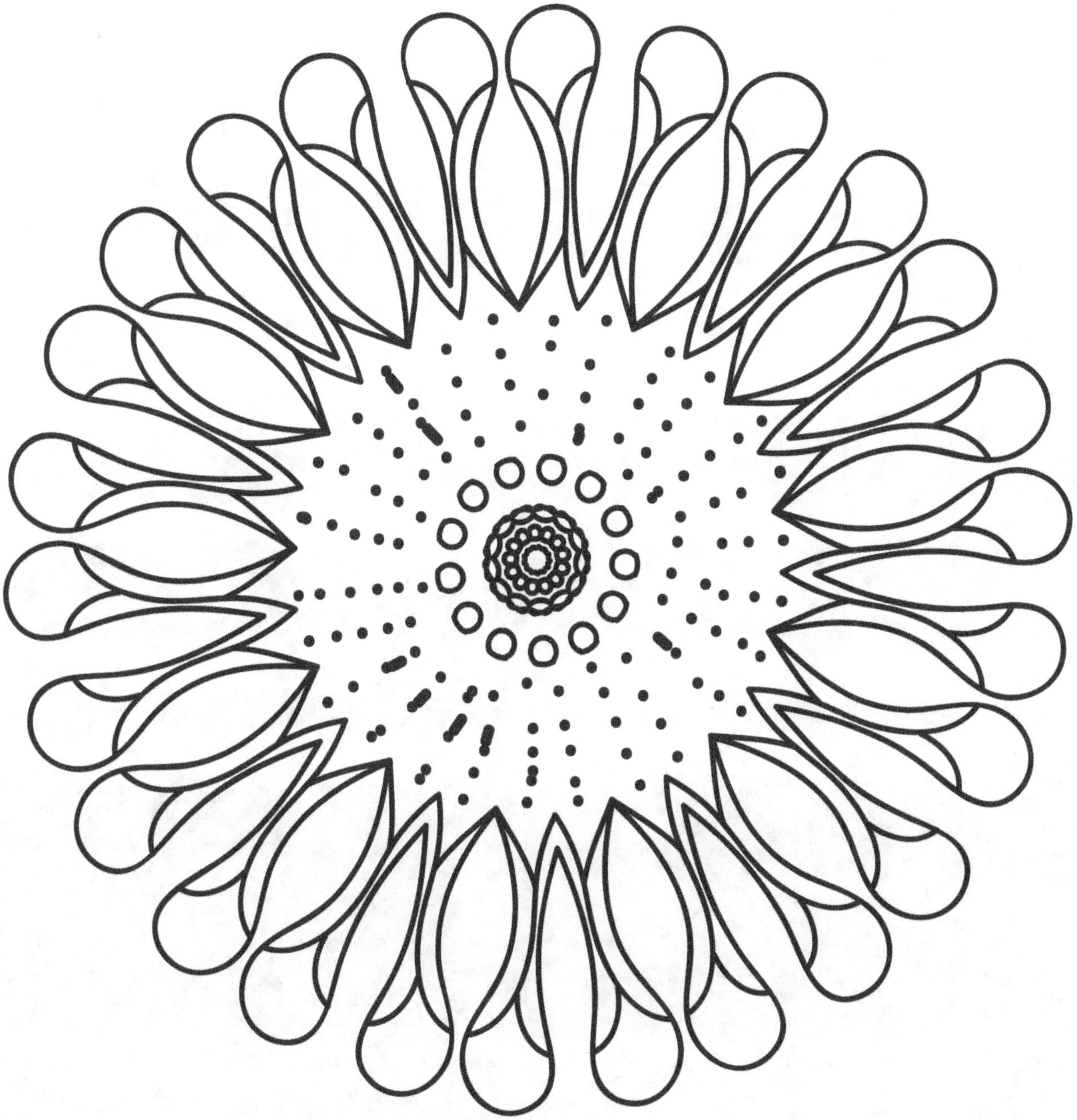

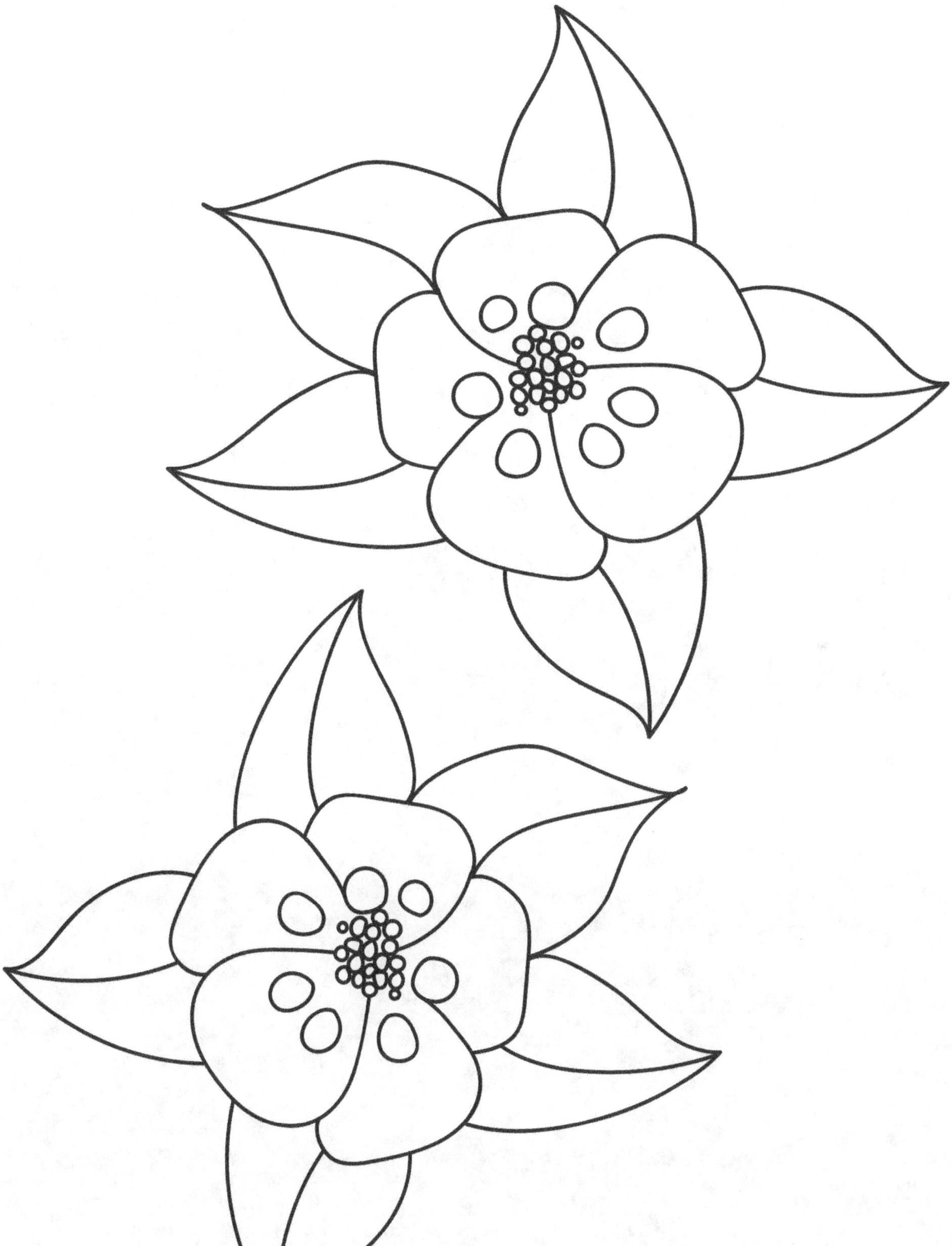

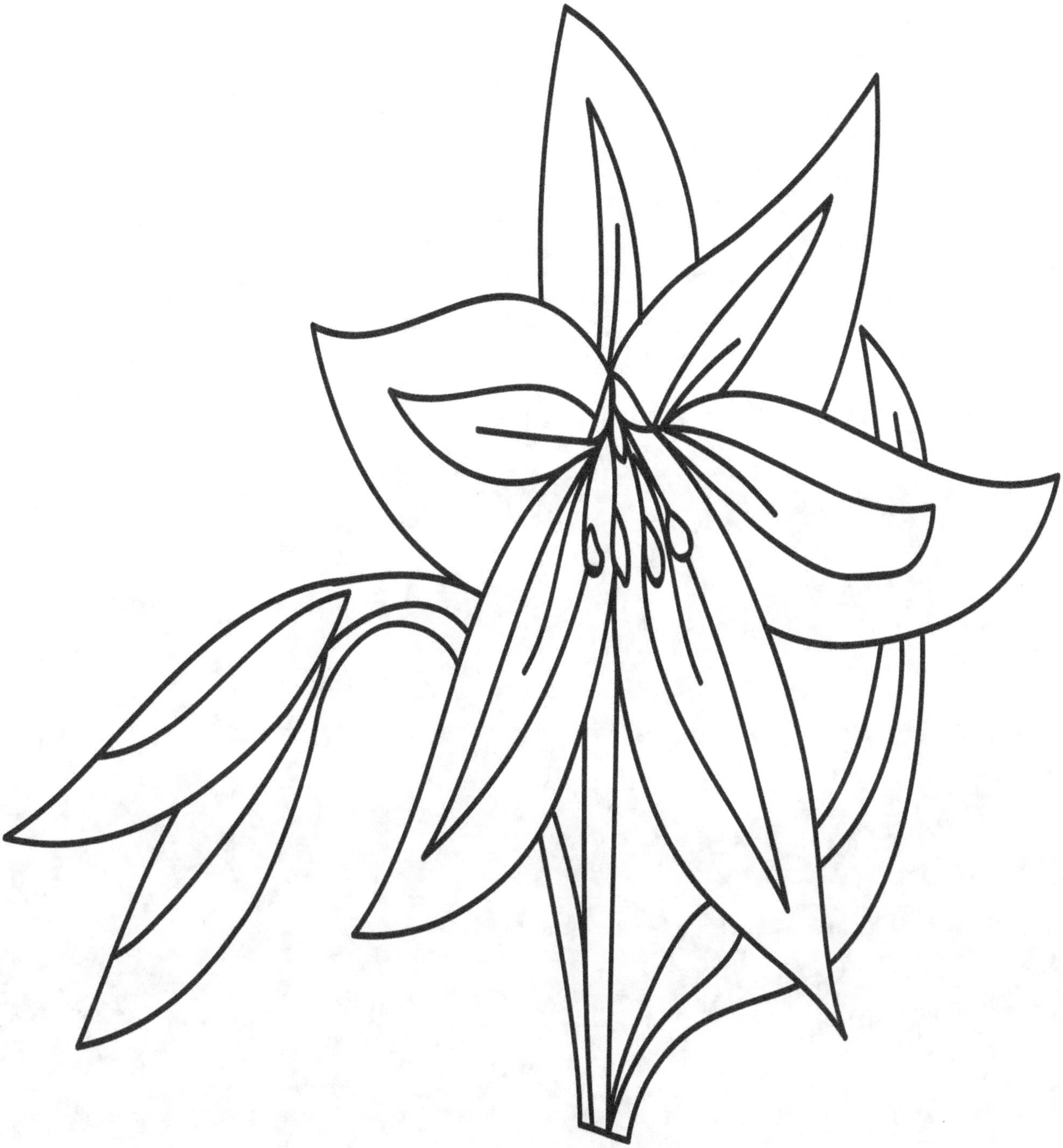

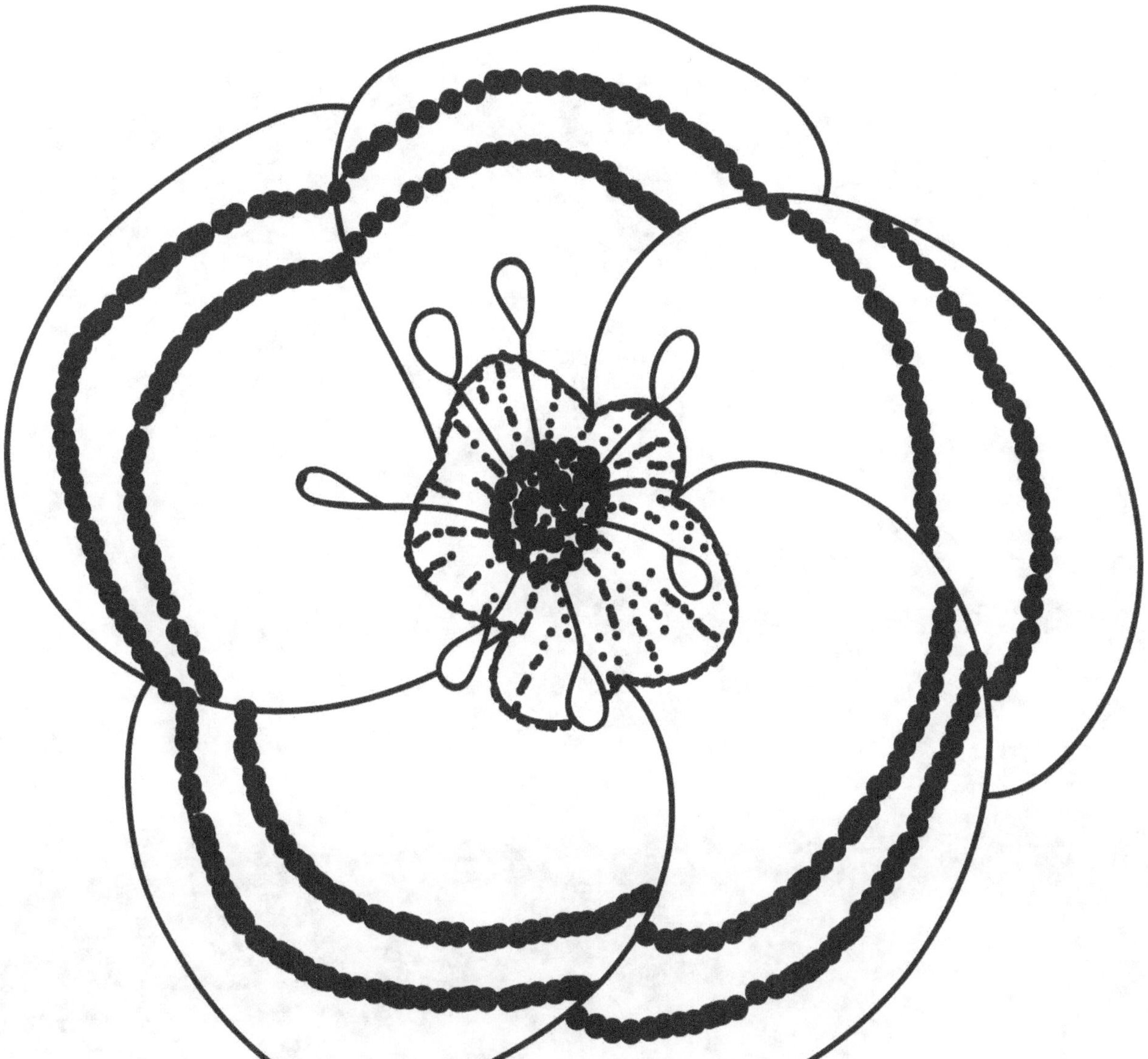

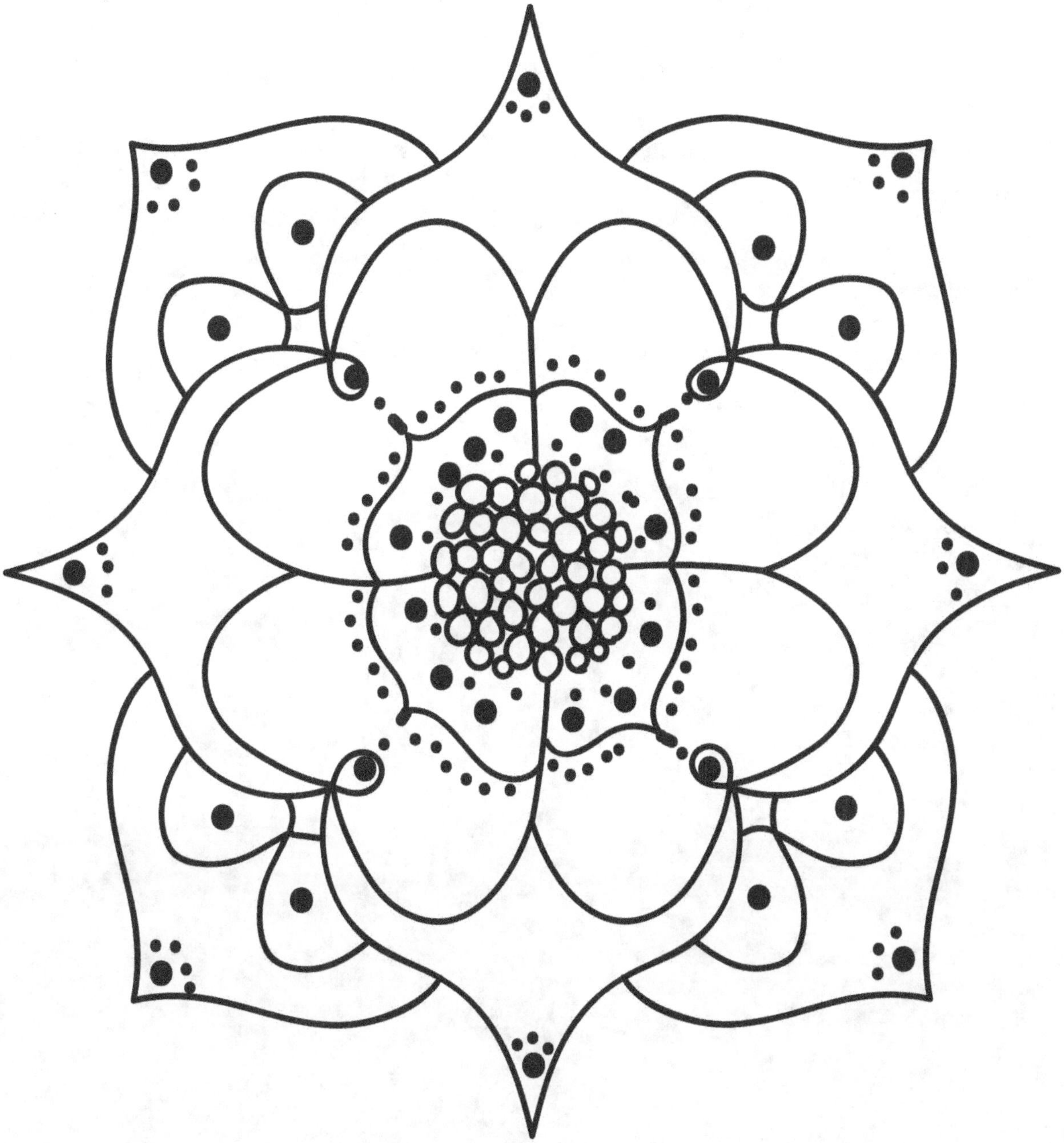

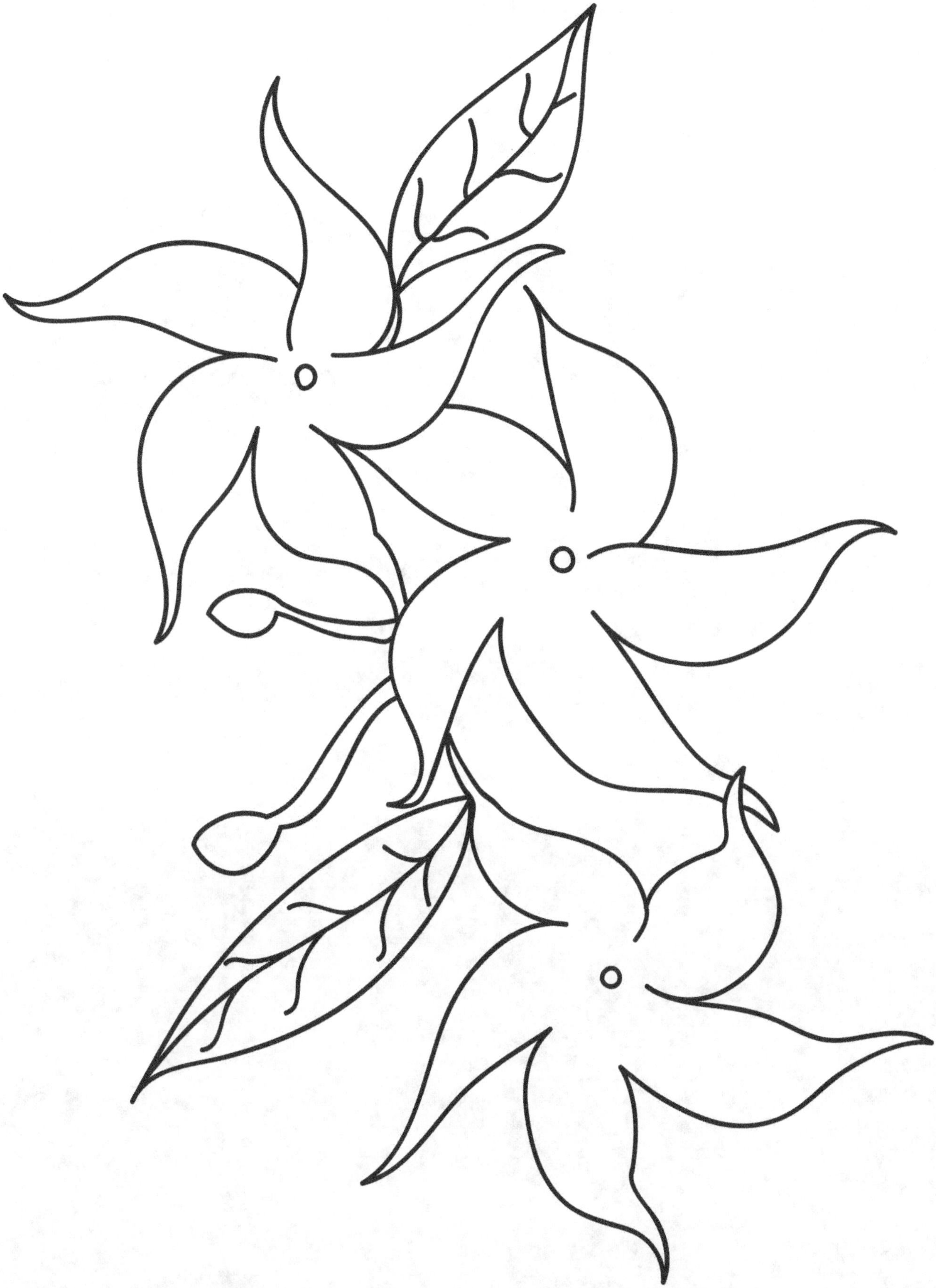

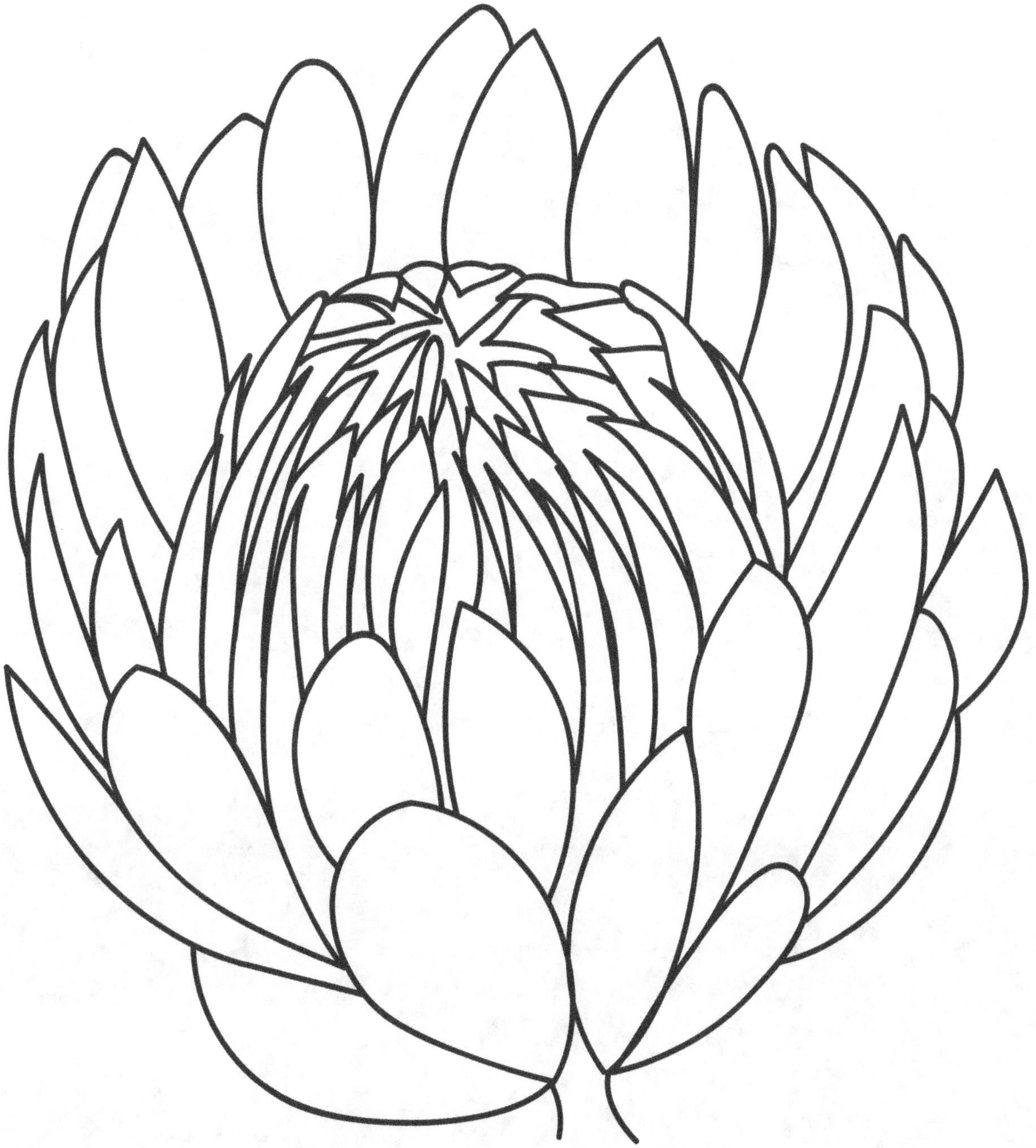

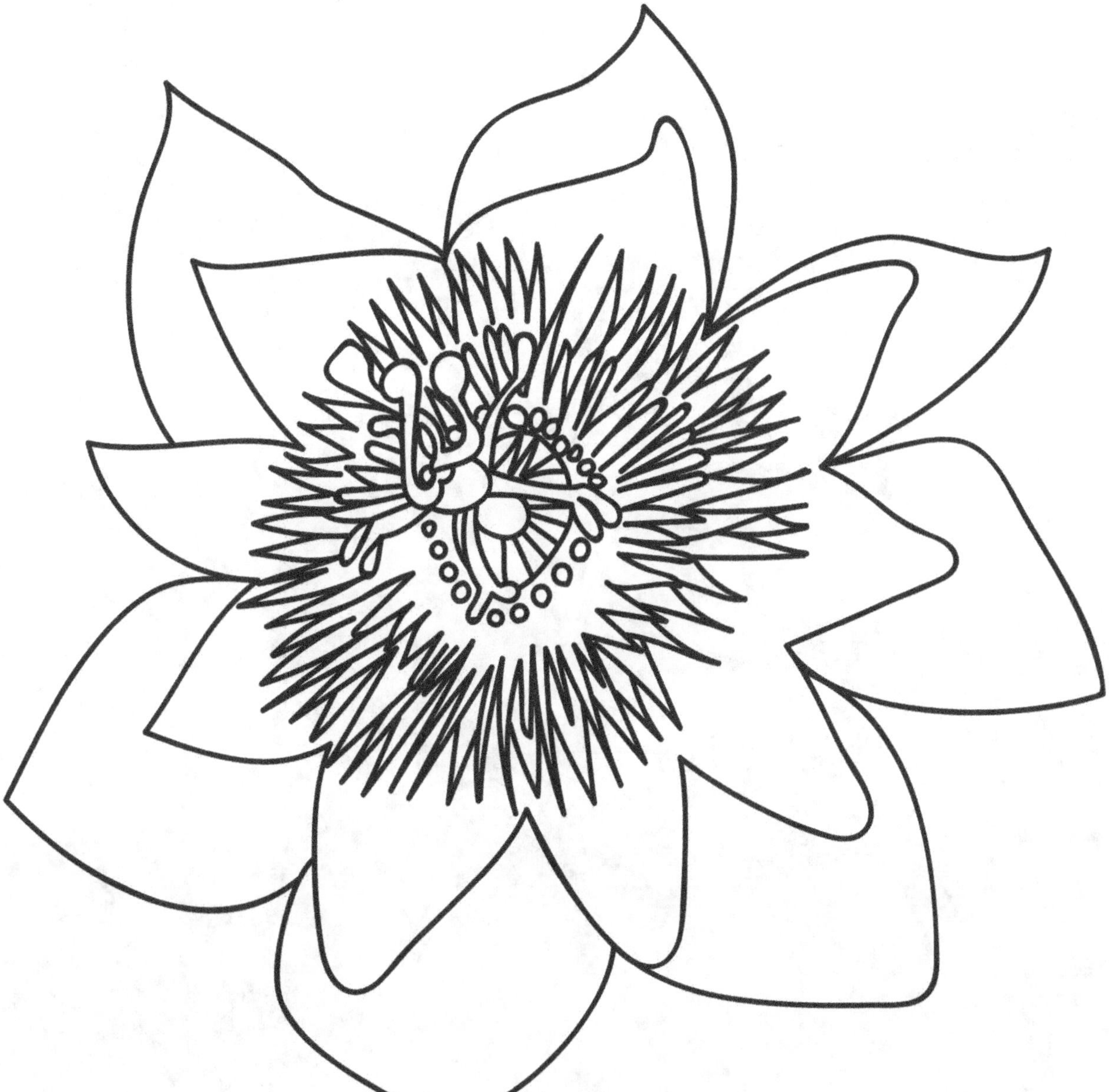

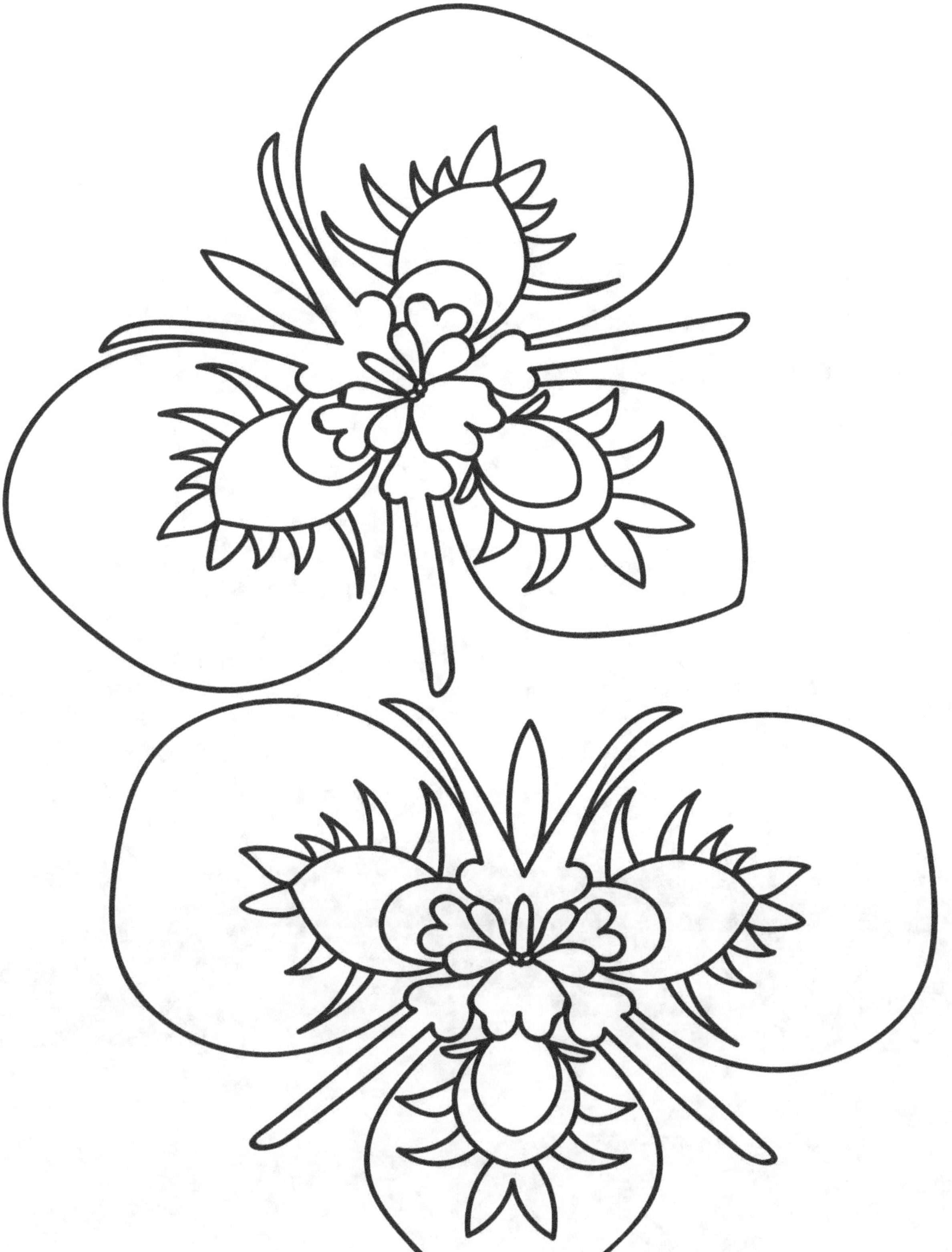

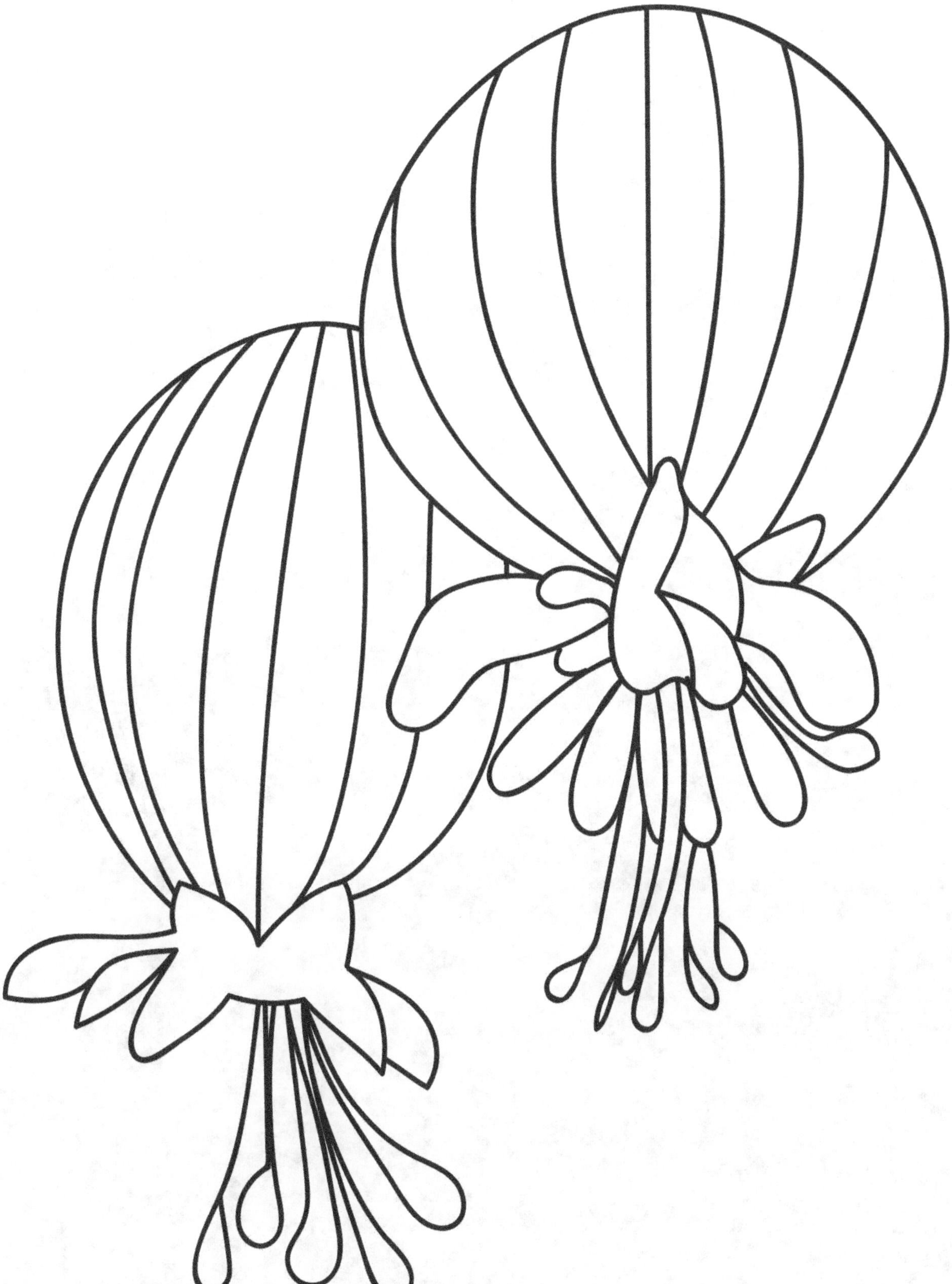

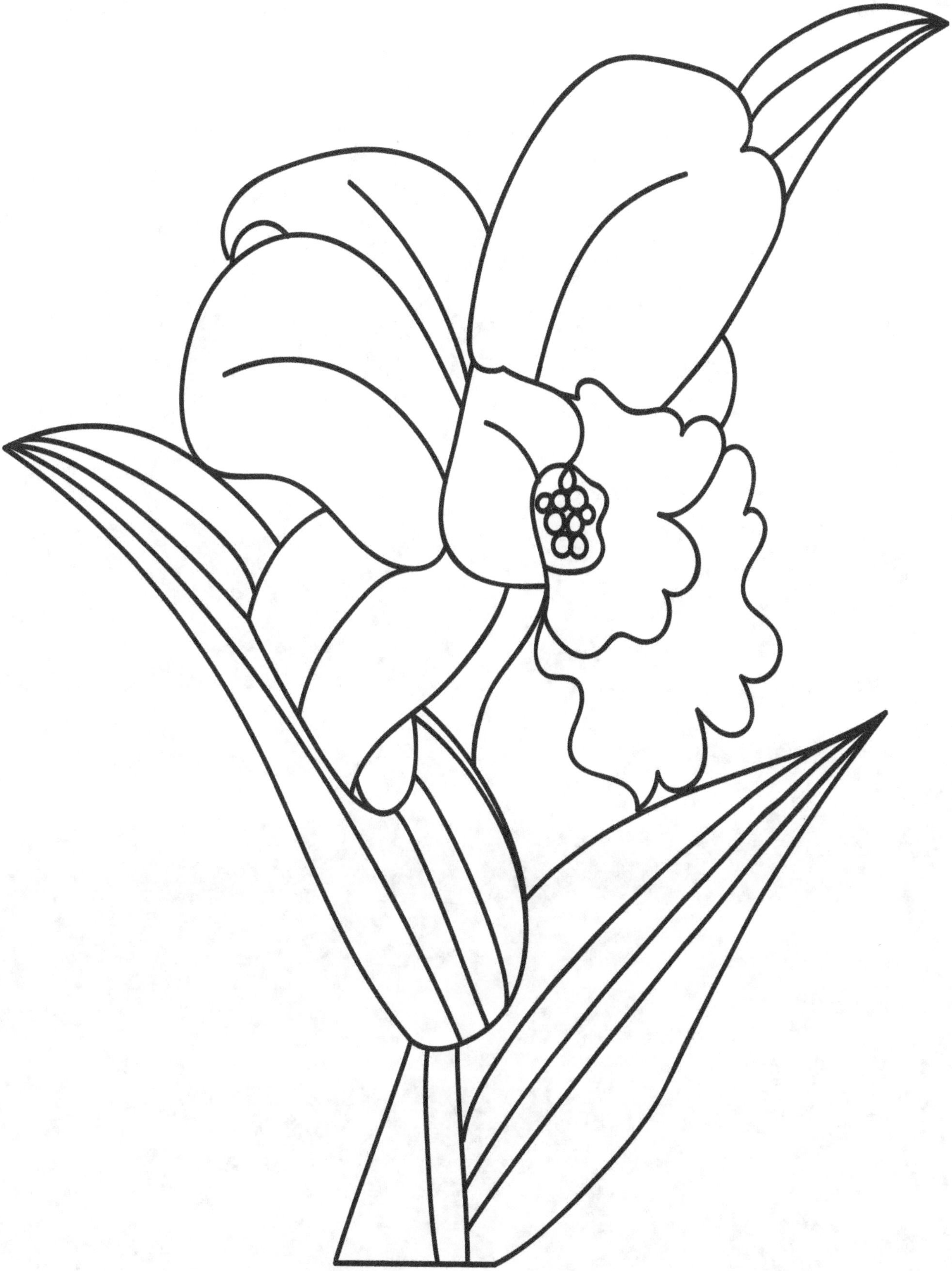

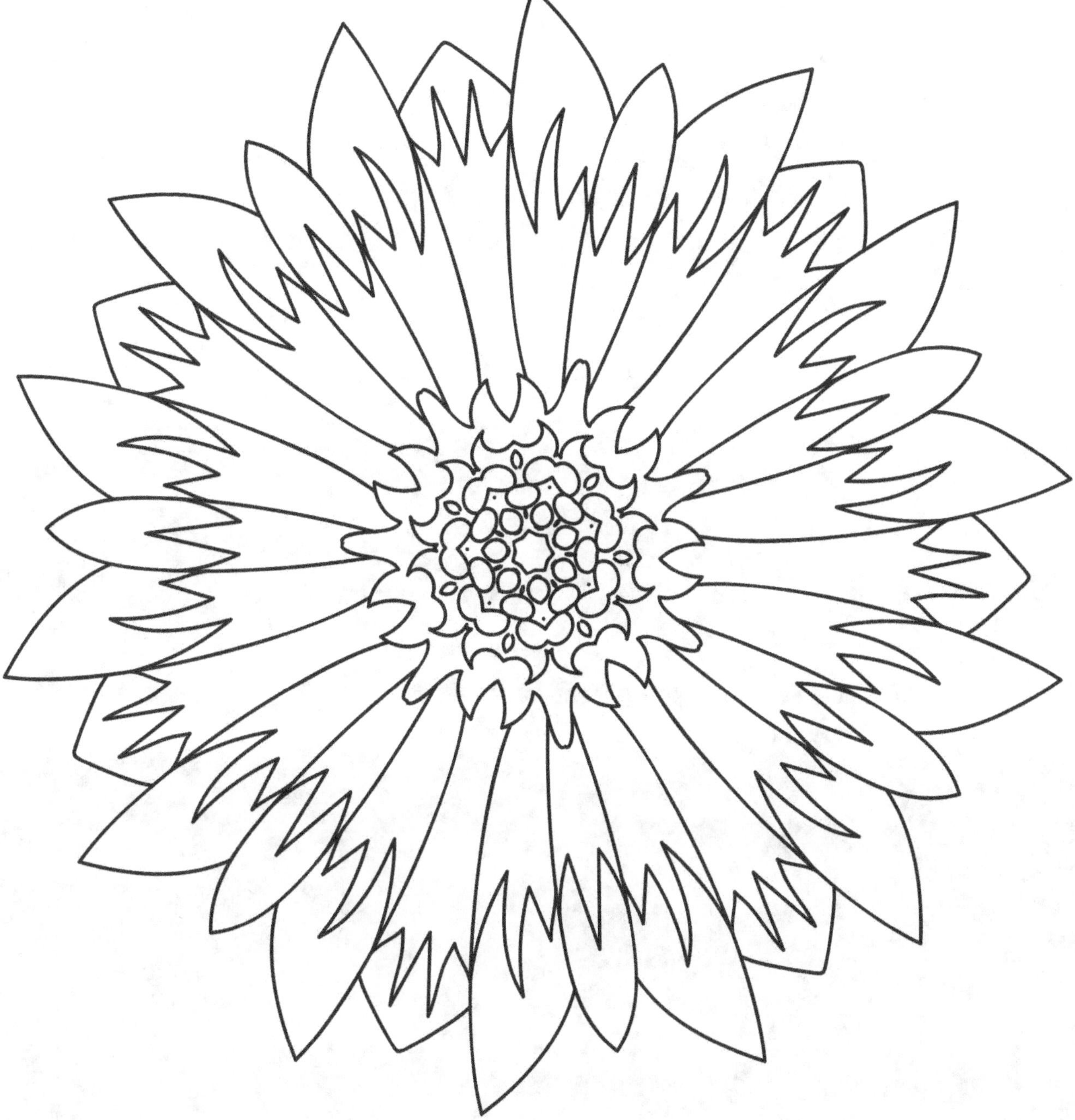

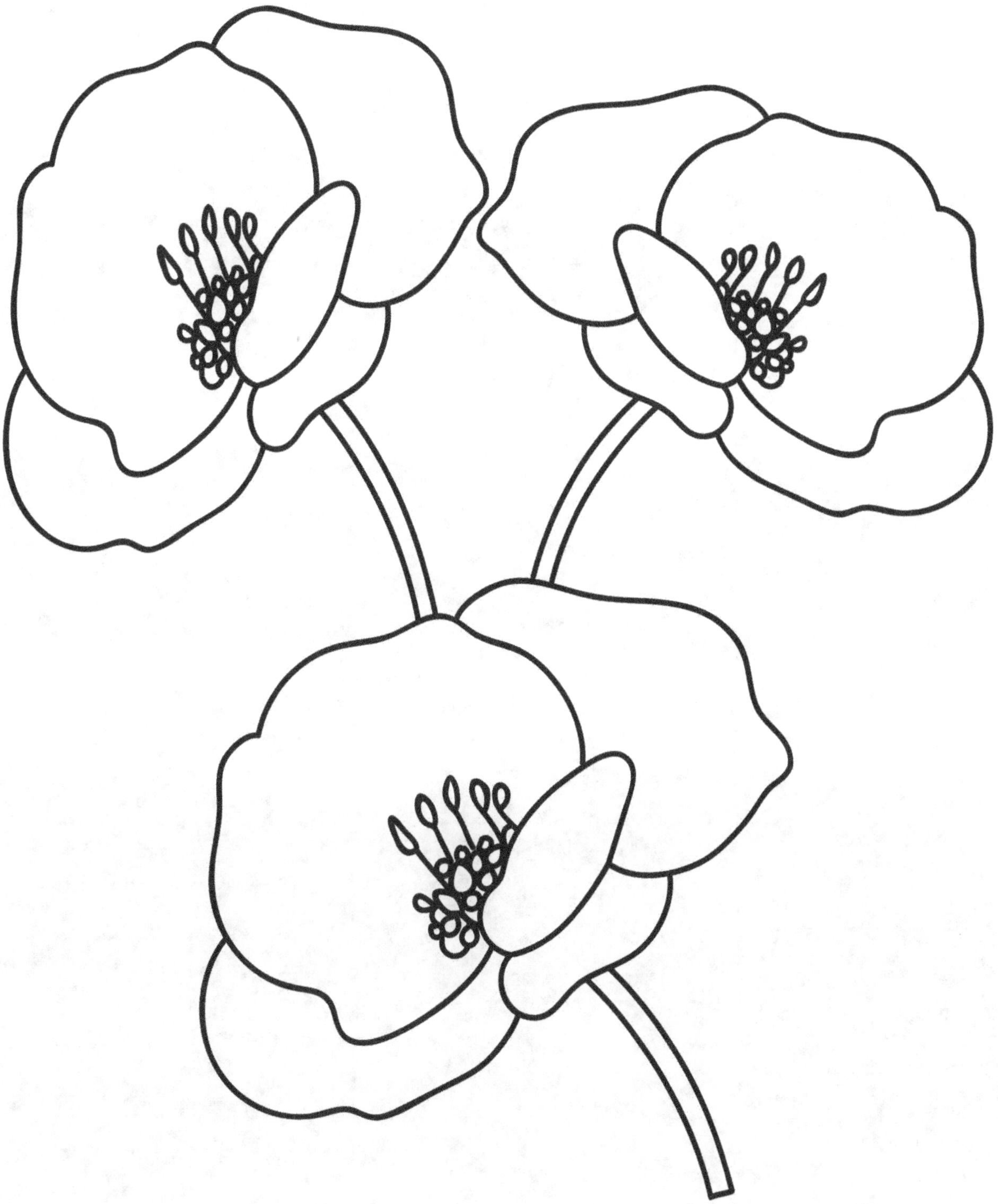

COLOR TEST PAGE

COLOR TEST PAGE

www.ingramcontent.com/pod-product-compliance
Lightning Source LLC
Chambersburg PA
CBHW081537220526
45467CB00010B/3226
9781717379344